# 글쓰기를
처음 시작했습니다

# 글쓰기를
## 처음 시작했습니다

*Writing*

고홍렬 지음

**서문**

# 글쓰기
# 배우지 마라!

직장생활을 시작한 1999년 시월 어느 저녁. 새로 산 PC로 일기를 끼적이고 있었다. "딸깍딸깍"하는 '타이핑 소리'가 너무 좋아서, 제법 오래 책상에 앉아 있을 수 있었다. 얼마나 지났을까? 족히 A4 1쪽은 되었을 법한 분량을 쓰고 마침내 저장 버튼을 눌렀다. 파일 이름은 '글쓰기1' 스스로 원해서 글을 쓴 건 그때가 처음이 아니었나 싶다. 그렇게 내 글쓰기가 시작되었다. 아무것도 쓰지 않고 보낸 날이 없지는 않지만, 그때부터 매년 거의 500쪽에 가까운 글을 썼다. 그렇게 20년 넘게 글쓰기를 이어 왔고, 쌓인 글이 1만 페이지를 넘었다.

글쓰기를 처음 시작하려는 사람들은 흔히 이렇게 생각

한다. '내가 A를 배우고, B를 알면, 글쓰기를 시작할 수 있을 것이다.' 틀렸다. 그냥 지금 바로 시작하면 된다. 글쓰기에 관한 책이나, 강의는 나중에 참고해도 된다. 아니, 나중에 참고하는 게 나을 수 있다. 낚시를 충분히 하고 나서 낚시에 대해 배워야 머리에 쏙쏙 들어온다. 글쓰기도 마찬가지다. 혼자 글을 쓴 시간이 부족하면, 글쓰기 책이나, 글쓰기 강의는 대개 큰 도움이 되지 않는다. 충분히 글을 써 본 경험 없이 글쓰기에 대해서 배우면, 오히려 글쓰기에 방해가 될 수 있다. 머릿속이 복잡해져서 글을 쓰지 못하게 될 수 있다는 말이다. 이제 막 걸음마를 시작한 아이가 모델 워킹을 하려 들면 안 된다. 처음에는 그냥 뒤뚱거리면서 걸으면 된다. 처음에는 그냥 글쓰기를 시작하는 마음가짐 정도나 알고 글쓰기를 시작하면 된다.

글쓰기는 먼저 쓰기 시작하고, 나중에 배워야 한다. 이 책은 글쓰기에 대해서 가르치지 않는다. 이 책은 글쓰기를 처음 시작하는 사람들이 지금 당장 쓰기 시작하도록, 시작한 글쓰기를 계속 이어 나갈 수 있도록, 그러는 가운데 글 잘 쓰는 방법을 스스로 터득할 수 있도록 하는 데 초점이 맞추어져 있다.

이 책의 근거는 대개 내 경험이다. 글쓰기를 특별히 좋아하지도 않았던 사람이 20년도 넘게 1만 페이지 이상 써 오는 일은 쉽지 않았다. '머리 아픈 글쓰기 따위는 집어치우고 머리 안 쓰는 즐거운 취미생활이나 해 볼까?' 하는 생각을 한 적도 많다. 하지만 글쓰기의 가치를 알았기에 포기하고 싶지는 않았다. 글쓰기를 포기하고 싶을 때마다, 글쓰기를 꾸준히 이어 나갈 수 있는 방법이 필요했는데, 그 방법들이 모여서 이 책이 되었다.

처음에는 그냥 일기 정도나 썼다. 책을 읽다가 밑줄 그은 부분을 베껴 적기도 하고, 그림을 배우는 사람들이 정물을 보고 스케치를 하듯, 물건을 가져다 놓고 묘사하는 글을 쓰기도 했다. 웹상에 있는 사진을 보면서 글을 쓰기도 했다. 명언이나, 명문장을 활용해서 글을 쓰기도 했다. 이렇게 쓴 글이 모이면, 인쇄를 해서 A5 바인더에 묶었다. 일종의 책 만들기였다. 바인더가 1권씩 쌓여 가는 걸 보는 것도 글을 쓰는 즐거움 중 하나였다. 그렇게 아무도 읽지 않을 책(?)을 100권 정도 쓰고, 마침내 이 책을 쓰게 되었다.

1장에서는 글을 써야 하는 이유를 다루었다. 같은 조건이면 이유를 알고 시작하는 편이 낫다. 이유를 아는 사람은 열심히, 오래 할 가능성이 높다. 2장에서는 글을 쓰는 마음가짐, 태도를 다루었다. '무엇을 하느냐?'도 중요하지만, '어떤 마음가짐으로 하느냐?'도 중요하다. 3장에는 글쓰기 연습을 하는 구체적인 방법을 담았다. 같은 것도 어떤 방법으로 하느냐에 따라서 결과가 달라질 수 있다. 누구나 할 수 있는 쉬운 글쓰기 연습법을 담았다. 4장에서는 글쓰기를 습관으로 만드는 데 도움이 되는 '팁'을 담았다. '사람이 습관을 만들고, 습관이 사람을 만든다.' 글쓰기를 습관화한 사람은 글을 꾸준히 쓰게 될 것이고, 결국 잘 쓰게 될 가능성이 높다.

글쓰기를 배우는 유일한 방법은 직접 글을 써 보는 것이다. 일단 쓰기 시작해서, 계속 쓰고, 잘 쓸 때까지 쓰는 것 말고 글쓰기를 배우는 다른 방법은 없다. 그런데 글쓰기 초보자들이 일단 쓰기 시작하는 일은 쉽지 않고, 계속 쓰는 일은 더욱 쉽지 않고, 잘 쓸 때까지 계속 쓰는 일은 더더욱 쉽지 않다. 각 장은 글쓰기를 해야 하는 이유, 글쓰기를 시작하는 태도, 글쓰기 연습을 하는 방법, 글을 습관적으로 꾸준히 쓰는 방법을 다루었지만, 모든 장은 일단 글쓰기를 시작하도록 부추기고, 일단 시작한 글쓰기를 계속하게 하고, 아예 습관적으로 계속 쓰도록 하는 데 초점이 맞추어져 있다.

 싫은 걸 억지로, 오래 할 수 있는 사람은 많지 않다. 일반적인 경우 완만한 언덕을 오르는 듯, 어렵지 않은 과제를 꾸준히 하면서, 그 가운데 즐거움을 찾고, 글쓰기를 숙달하는 편이 낫다. 정상에 오르는 방법이 하나가 아니듯, 글쓰기를 숙달하는 방법도 하나가 아니다. 이 책은 글쓰기라는 높은 산의 여러 등산로 중에서 완만한 능선을 편안하게 오르면서, 가급적 자주 소소한 성취감을 느끼고, 글쓰기를 습관화하도록 하는 데 주안점을 두었다. 글을 써야 하는데, 어떻게 시작해야 할지 몰라서 막막해하는 글쓰기 초보자들에게 도움이 되기를 바란다.

● 목차

서문. 글쓰기 배우지 마라!

# 1장
# 글을 쓰는 이유

| | |
|---|---|
| 글쓰기는 지력을 향상시킨다 | · 16 |
| 글쓰기에는 치유효과가 있다 | · 20 |
| 글쓰기는 책 읽기를 완성한다 | · 25 |
| 글쓰기는 삶의 밀도를 높인다 | · 29 |
| 나이 들어서도 할 일이 있다는 건 행복한 일이다 | · 33 |
| 출력은 입력을 부른다 | · 38 |
| 글쓰기는 힘이 세다 | · 42 |
| 글쓰기는 온전히 자신만의 산물이다 | · 47 |
| 글을 쓰면 있어 보인다 | · 52 |
| 책쓰기, 당신도 가능하다 | · 56 |
| 퍼스널 브랜딩이 가능하다 | · 62 |
| 글쓰기, 자기 목소리 지키기 | · 67 |
| 글을 쓰면서 생각하면 좀 더 분명하게 생각할 수 있다 | · 72 |
| 글쓰기가 선사하는 자율성과 참여, 그리고 건강한 삶 | · 76 |

**2장**

# 글을 쓰는 자세

---

| | |
|---|---|
| 시시한 글부터 써라 | • 82 |
| 어깨 힘을 빼라 | • 86 |
| 남의 눈치 보지 마라 | • 91 |
| 남의 글과 비교하지 마라 | • 95 |
| 글쓰기를 즐겨라 | • 100 |
| 핑계 대지 마라 | • 105 |
| 구상에 너무 많은 시간을 보내지 마라 | • 110 |
| 한 조각만 써라 | • 114 |
| 글을 보는 안목을 높여라 | • 118 |
| 재능이 없어도 된다 | • 123 |
| 글쓰기에 늦은 때란 없다 | • 127 |
| 먼저 좋은 독자가 돼라 | • 131 |
| 배우고 나서 쓰는 게 아니라 쓰면서 배운다 | • 135 |
| 향상심이 있어야 글이 는다 | • 139 |
| 우뇌가 먼저 설치고, 좌뇌가 뒤따른다 | • 144 |
| 글쓰기의 8할은 자료다 | • 149 |

## 3장
# 글쓰기 연습법

| | |
|---|---|
| 명문장 노트 만들기 | · 156 |
| 일기라고 무시하지 말자 | · 161 |
| 눈에 보이는 걸 쓰면 쉽다 | · 166 |
| 머릿속에 떠오르는 걸 자유롭게 쓰자 | · 171 |
| 메모하지 않는 작가는 없다 | · 175 |
| 명언 신문기사를 활용한 글쓰기 | · 180 |
| '메모리딩'으로 독서와 글쓰기를 동시에 잡자 | · 184 |
| 사설을 이용한 글쓰기 | · 189 |
| 인터넷 서점에서 글쓰기 | · 194 |
| 유튜브로 글쓰기 | · 199 |
| 0점짜리 글부터 써라 | · 203 |
| 베껴 쓰기로 문장력 단련하기 | · 207 |
| 귀로도 베껴 써라! | · 212 |
| 글쓰기는 고쳐쓰기다 | · 217 |

**4장**

# 글쓰기를 습관화하는 방법

---

| | |
|---|---|
| 습관이 중요하다 | • 224 |
| 작은 시도부터 하라 | • 228 |
| 적은 노력, 빠른 보상 | • 234 |
| 블로그 하라 | • 240 |
| 카페에서 글쓰기 | • 244 |
| 바인더로 묶어라 | • 250 |
| 의지와 열정이라는 두 바퀴 | • 255 |
| 글쓰기 뇌를 장착하라 | • 260 |
| 함께 써라 | • 265 |
| 15분 글쓰기 | • 269 |
| 20초 법칙 | • 273 |
| 골라 쓰기 | • 278 |
| 심리적 저항 극복하는 법 | • 282 |

에필로그
참고문헌

CHAPTER 1

# 글을 쓰는 이유

# 글쓰기는
# 지력을 향상시킨다

●

"일반적으로 글쓰기는 말하기보다 더 신중함을 요구한다. 말은 허공에 흩어질 뿐이지만, 글은 남는다. 그것은 부담스러운 일이다. 그 때문에 글 쓰는 사람은 생각과 감각의 편린들을 표현하기 전에 신중하게 생각해보게 된다. '그것을 표현해도 좋은가, 어떻게 표현하면 좋은가' 하고 생각해보게 되는 것이다. 말하는 사람이 일단 그 편린들을 뱉어 놓고 생각하는 것과 대조적이다. 엄밀하게 말하자면, 글 쓰는 사람은 쓰기 전에 생각하고, 쓰는 도중에도 생각하고, 쓰고 난 이후에도 생각한다. 그 때문에 글쓰기는 지력을 높이는 데 결정적인 역할을 한다."

박민영, 『인문 내공』

일반적으로 말을 잘하는 것보다 글을 잘 쓰는 게 훨씬 더 어렵다. 말을 할 때는 말 이외의 보조 장치를 사용할 수 있는 반면, 글은 전적으로 글자라는 기호에 의존해야 하기 때문이다. 가령, 우리는 말을 할 때 표정이나 목소리의 톤, 눈짓, 손짓, 발짓 같은 보조 장치를 사용할 수 있다. 어지간히 어려운 주제가 아니라면, 사람들은 그것만으로도 전달하고자 하는 의미를 알아챈다. 그러나 글은 다르다. 글은 오로지 문자에 의존해서 의미를 전달해야 하니 훨씬 엄정한 표현과 논리가 필요하다. 그러니 글을 자주 쓰는 사람은 지적으로 단련될 수밖에 없다.

말은 하고 나면 공중에 흩어진다. 30초 동안만 말해도 듣는 사람이 하나하나 따지기 어렵다. 그러나 글은 다르다. 글은 써 놓으면 종이 위에 새겨진다. 읽는 사람이 하나하나 따질 수 있다. 읽는 사람이 깐깐한 독자일 경우에는 사정이 더 복잡해진다. 깐깐한 독자의 반박에 무너지지 않을 논리를 구축해야 하기에 말로 할 때보다 훨씬 신중하고, 진지해질 수밖에 없다. 기고나 출판의 형식으로 불특정 다수에게 글이 공개될 때는 더한 압박감을 느끼게 된다. 독자의 비판을 의식하면서 무너지지 않는 논리를 구축하는 과정에서 글을 쓰는 사람의 지력은 향상된다.

글은 보통 글 쓰는 사람이 혼자 기획하고, 혼자 실행한다. 글을 쓰는 데 필요한 자료를 모으고, 모은 자료를 선별

하고, 그걸 글의 흐름에 맞게 배치하고, 마침내 글을 구성하기까지 모든 과정을 오로지 글 쓰는 사람 혼자 진행한다. 이 과정에서 자연스럽게 논리력, 종합력, 분석적 사고능력이 길러진다. 논리력, 종합력, 분석적 사고능력은 학문을 하는 데 공통적으로 요구되는 능력인데, 글을 쓰는 사람은 자신도 모르는 사이에 학문을 할 수 있는 능력이 향상된다.

쓰기는 읽기나, 말하기, 듣기에 비해 훨씬 높은 수준의 몰입을 요구한다. 읽기나 듣기가 살짝 정신 줄을 놓아도 가능한 반면, 쓰기는 약간만 정신 줄을 놓아도 나아가지 않는다. 정신이 글쓰기에 머물지 않고는 한 글자도 쓸 수 없다. 말하기는 약간의 횡설수설을 용인하지만, 글쓰기는 이를 용인하지 않는다. 글쓰기는 몰입, 정교하고 능동적인 사고를 요구한다. 그래서 글을 쓰는 사람은 자기도 모르게 지성인이 되어 간다. 흐리멍덩하고, 수동적인 상태로는 글을 쓸 수 없으니, 몰입하고, 적극적으로 사고하는 가운데 부지불식중에 지성인이 되어간다.

글을 쓰다 보면 사고가 명확해진다. 시카고 대학 영문학과 교수 조셉 윌리엄스는 "명확한 사고에서 명확한 글이 나오는 게 아니라, 글을 쓰다 보면 표현된 문자들이 지속적으로 글을 쓰는 사람의 생각에 침투해 문자가 오히려 명확한 생각을 유도한다."고 말했다. 그에 따르면 명확하게 글을 쓰는 과정에서 사고가 명확해지고, 글을 쓰고 고치는 과정에서 생각을 다듬을 수 있다. 일본의 지성, 다치바나 다카시도 비슷한 맥락의 말을 한 적이 있다. 그는 이렇게 말했다. "발견이라는 것은 참으로 이상해서, 저조차도 글을 쓰는 도중에 비로소 이해되는 경우가 있습니다." 생각을 정돈한 후에 글을 쓰기도 하지만, 글을 쓰다 보면 생각이 정돈되기도 한다.

말 잘하는 사람이 꼭 지성적인 건 아니지만, 글을 잘 쓰는 사람은 지성적이다. 지성적이지 않고는 글을 잘 쓸 수 없다. 또한, 글을 자꾸 쓰다 보면 지성적이 되는 것도 사실이다. 글쓰기만큼 사고력을 단련해 주는 활동도 드물다. 하버드와 MIT를 비롯한 세계명문대학들이 글쓰기에 목을 매는 데는 다 그만한 이유가 있는 것이다.

# 글쓰기에는
# 치유효과가 있다

●

"참 희한하게도, 직면하게 되면 오히려 담대해진다. 피하고, 외면할 때는 한없이 두려웠는데, 돌리고 있던 고개를 똑바로 쳐다보면 오히려 견딜 만해지는 것이다. 도저히 견딜 수 없을 것 같았던 일들도 글로 써서 다시 읽어보라. 이미 그것은 내 것이 아니다. 그저 종이 위에 기록된 사건일 뿐이다. 그게 견딜 만해지면 조금 더 세밀하게 묘사해 보라. 같은 내용을 두 배의 분량으로 기록해 보는 것이다. (…) 처음엔 고통스럽지만 쓰고 읽기를 반복하는 사이에 점점 초연해진다. 발설하라. 꿈틀대는 내면을, 가감 없이."

박미라, 『치유하는 글쓰기』

『아티스트 웨이』의 저자 줄리아 카메론은 영화감독 마틴 스코세이지의 두 번째 아내였다. 줄리아 카메론은 영화 〈택시 드라이버〉, 〈뉴욕 뉴욕〉 등을 남편과 공동집필할 정도로 글재주가 좋았다. 하지만 영화가 흥행해서 남편은 유명세를 타는 반면 자신은 여전히 스코세이지의 아내일 뿐이라는 사실에 절망한다. 줄리아 카메론의 절망은 스코세이지가 나이 어린 모델과 애정 행각을 벌이면서, 극에 달했다.

결국 두 사람은 이혼하게 되는데, 당시 두 사람의 결별 소식은 할리우드를 떠들썩하게 했다. 줄리아 카메론의 지인들이 스코세이지와 불륜녀의 기사를 전화로 말해 주거나, 기사를 오려서 보내 주는 바람에 줄리아 카메론의 고통은 더없이 컸다. 하지만 그녀는 고통을 회피하지 않았다. 결코 보고 싶지 않은 장면들을 모조리 벽에 붙여 놓고 자신의 분노를 글로 쓰기 시작했다. 그녀는 그렇게 자신을 배신한 남편에 대한 분노를 풀어냈다.

『나를 치유하는 글쓰기』는 줄리아 카메론이 자신처럼 상처받은 사람들에게 글을 쓰라고 권하는 책이다. 줄리아 카메론은 이 책에서 외로움을 치유하기 위해서, 삶을 소화하고 변화시키기 위해서, 세상과 소통하기 위해서, 나를 이해하기 위해서, 행복하기 위해서, 삶이 주는 통증에서 살아남기 위해서 글을 쓰라고 한다. '글쓰기로 고통을 치유할 수 있다.'는 메시지에 힘이 실리는 것은 그녀가 글쓰기를 통해 자신의 고통을 다루었기 때문일 것이다.

『눈물도 빛을 만나면 반짝인다』의 저자 김영서 씨는 9년간 성폭행 피해자로 살았다. 어린 나이에 임신과 낙태를 경험했는데, 가해자는 다름 아닌 친아버지였다. 감당하기 힘든 상처를 그녀는 글쓰기로 치유했다. 김영서 씨는 자신의 성폭력 경험담을 한국성폭력상담소 소식지에 무려 4년간이나 연재했는데, 『눈물도 빛을 만나면 반짝인다』는 그때 쓴 글을 모은 것이다. 글을 쓰면서 다시 떠올리고 싶지 않은 순간들과 다시 마주해야 했지만, 그녀는 글쓰기로 악몽 같은 시간들과 대면하며 고통을 극복했다.

1980년대 후반, 미국 텍사스 대학 제임스 페니 베이커 교수는 성범죄 피해 여성들을 대상으로 글쓰기가 정신건강에 미치는 영향을 연구했다. 깊은 절망에 빠져 있던 피해 여성들은 노트에 자신의 고통을 깨알같이 적어 내면서 한 겹씩 고통에서 벗어날 수 있었다. 또한 제임스 페니 베이커는 자신의 글쓰기 치유 프로그램 참가자들에게 가장 고통스러웠던 경험에 대해서 쓰게 했는데, 대상자들의 불안감이 감소했고, 면역력이 높아지고, 더 낙관적인 태도를 갖게 되었다.

시골의 작은 학교에서 근무할 때의 일이다. 같은 학교 남자 선생님 두 분이 묘하게 비슷한 아픔을 갖고 계셨다. 두 분 모두 수년 전에 자식을 익사사고로 잃으셨다. 한 분은 술만 드시면 그걸 입에 올리시는 반면, 다른 한 분은 아예 입에조차 올리시지 못하셨다. 말은 잘 하지 않으셨지만, 같이 근무하던 분들은 모두 그분의 상처를 알았는데, 그분의 얼굴에 자식을 잃은 상처가 그대로 묻어 나왔기 때문이다. 사람들은 그 선생님 얼굴에서 그늘을 발견했고, 곧 그 그늘이 자식을 잃은 슬픔이라는 것을 다른 사람들을 통해서 알게 되었다.

두 분의 연배가 비슷하셨는데, 한 분은 아직 교장으로 현직에 계시는 반면, 다른 한 분은 이미 세상을 떠나셨다. 폐암으로 정년도 채우시지 못하고 몇 년 전에 돌아가셨다. 그분의 요절(?)이 꼭 자식 잃은 슬픔을 제대로 다루지 못해서라고 단정하기는 힘들지만, 아마 가슴 깊은 상처가 그분의 병을 키웠으리라 짐작은 할 수 있다.

고통은 표현해야 치유된다고 했다. 배우자와 사별한 사

람들이 감정적 고통을 표현하지 않으면 더 오랜 기간 몸과 마음의 병을 앓게 된다고 한다. 소설가 마르셀 프루스트도 "고통은 마음껏 표현해야 치유가 된다."고 했다. 제임스 페니 베이커는 "배우자의 죽음에 대해 자주 이야기하는 사람일수록 더 건강하다."는 연구 결과를 내놓았다.

  마음이 상하면, 수다로 푸는 사람들이 있다. 수다를 부정적으로 보는 이들도 있는데, 수다는 분명 정신건강에 도움이 되는 측면이 있다. 내 글쓰기는 직장생활 초기에 시작되었다. 초등학교 1학년 아이들의 담임이 되면서 심적인 부담이 많았다. 어쩌면 난 무의식적으로 마음의 고통을 풀어내는 방법을 알았는지도 모르겠다. 말이든, 글이든 고통에 직면하고, 그것을 표현할 때, 우리는 그것으로부터 자유로워진다.

# 글쓰기는
# 책 읽기를 완성한다

●

"최고의 자기계발은 읽기가 아니라 바로 쓰기다. 그렇다고 해서 읽기가 필요 없다는 뜻은 결코 아니다. 읽기와 쓰기가 3대 1 정도 비중을 이루는 것이 좋다. 바꾸어 말하자면 읽기를 많이 했다면 읽기에 투입한 노력과 시간의 3분의 1 정도는 쓰기에 투입해야 한다. 그래야 인생이 바뀐다는 사실을 명심하라."

김병완, 『김병완의 책 쓰기 혁명』

　읽기만 하는 독서는 휘발될 가능성이 높다. 읽기만 하면 머릿속에 별로 남는 게 없을 가능성이 높다는 말이다. 무슨 무슨 책을 읽었다고는 하는데, "그 책 내용이 뭐냐?"고 물으면, 아무 대답도 못 하는 경우가 그렇다. 물론, 독보적인 독서력을 갖춘 경우라면 다를 수도 있겠다. 하지만 보통 읽기만 하는 독서는 별로 남는 게 없다. 리딩(Reading)으로 리드(Lead)한다고 하는데, 대개 리딩(Reading)만으로는 리드(Lead)할 수 없다. 읽은 걸 써야 비로소 리드(Lead)할 수 있는 능력이 생긴다.

글을 쓰면 망상활성계(RAS: Reticular Activating System)가 자극을 받는다. 망상활성계는 한마디로 뇌간에서 대뇌 전체를 향하는 신경다발이다. 도파민, 세로토닌, 노르아드레날린 등도 망상활성계를 통해서 대뇌 전체에 전해진다. 망상활성계가 자극되면, 대뇌 전체의 주의력이 높아진다. 대뇌가 평소보다 많은 주의를 기울이기 시작한다는 말이다. 그러니까, 글을 쓰면 대뇌가 깨어난다. 글을 쓰기 시작하면, 뇌는 '어? 뭐지?' 하면서 지각대상에 대한 집중력을 높인다. 흐릿하던 의식이 또렷해지기 시작한다. 지각대상에 대한 집중력이 높아지다 보니 인식률이 높아지고 기억률도 높아진다.

몸으로 기억하는 운동성 기억이 잊히지 않는 이유는 근육과 힘줄을 움직이면 이 운동은 소뇌를 거쳐 해마를 경유하여 대뇌피질연합야(Association Area)에 축적되기 때문이다. 소뇌를 경유하면서 경로가 복잡해지는데, 그 덕에 많은 신경세포가 작용하여 기억에 남게 된다. 그래서 운동성 기억은 한번 기억하면 잘 잊히지 않는다. 자전거를 타는 법을 한번 배우고 나면 절대로 잊히지 않는 건 자전거 타는 법이 운동성 기억이기 때문이다. 읽기와 쓰기의 결정적 차이는 운동성 유무다. 읽을 때보다는 쓸 때 우리 뇌는 더 많이 움직인다. 쓰기를 할 때 '뇌 근육'을 더 많이 쓰게 된다는 말이다.

독서는 쓰기로 완성된다. 읽는 데 그치지 말고, 읽은 걸 써야 한다. 가장 간단한 방법은 책에 밑줄을 긋고, 밑줄에 자기 생각을 메모하는 일이다. 이렇게 하면 밑줄 그은 부분뿐 아니라, 자기가 쓴 부분도 머릿속에 깊이 각인된다. 시간을 두고, 밑줄 친 부분과 메모한 부분을 다시 읽으면, 책을 반복해서 읽는 효과도 있다. 간단한 형태이기는 하지만, 밑줄에 자기 생각을 보태는 일은 엄연히 글쓰기이며 이런 식의 메모가 쌓이면, 글쓰기에 상당한 도움이 된다.

무작정 읽는다고 머릿속에 남는 게 아니다. 견고한 기억을 위해서는 이해와 정리 과정이 필요하다. 요약하는 글쓰기는 이해와 정리를 한꺼번에 요구한다. 책의 일부를 요약하든 책 전체를 요약하든 책을 요약하면 책 내용이 고스란히 머릿속으로 들어온다. 이해와 정리 과정을 통해 체계화된 지식은 고스란히 쓰는 사람의 지식체계에 편입된다. 읽기만 하는 독서와는 밀도가 다른 독서가 된다.

읽은 권수를 자랑하는 사람들이 있는데, 많이 읽어도 남는 게 없으면 말짱 '꽝'이다. 어떤 책을 얼마나 읽었느냐도 중요하지만, 그보다 책을 어떻게 읽었느냐가 더 중요하다. 그냥 독서만 하는 것에 비해서 읽은 후에 쓰는 것이 압도적으로 기억에 많이 남고, 지적 성장도 촉진한다. 그래야 글의 내용도 쓰는 사람에게 체화된다. 쓰기는 읽기를 완성한다.

그냥 쓰는 게 심심하면 블로그에 올려도 좋다. 그러면 적당한 긴장감이 생기고 아무래도 정성을 더 기울이게 된다. 블로그에 올리려 하면 몇 번이고 쓴 글을 검토하게 되는데 이 과정에서 글쓰기 실력이 는다. 블로그에 글을 올리면 공감이나 댓글이 달린다. 소소한 쾌감이지만 이는 또 다른 글을 쓰는 동력이 된다.

# 글쓰기는
# 삶의 밀도를 높인다

●

"작가는 인생을 두 배로 살아가는 사람이다. 먼저 첫 번째 인생이 있다. 길에서 만나는 여느 사람들처럼, 건널목을 건너고 아침에 출근하기 위해 넥타이를 매는 그런 일상생활이다. 하지만 이들에게는 생활의 또 다른 부분이 있다. 모든 것을 다시 곱씹는 두 번째 인생이다. 이들은 글을 쓰기 위해 자리에 앉을 때마다 자신의 인생을 다시 들여다보고 그 모습을 면밀하게 음미한다."

나탈리 골드버그, 『뼛속까지 내려가서 써라』

작가는 하루를 두 번 산다. 남들과 똑같이 출근하고, 식사하고, 대화하며 하루를 보내지만, 거기서 끝나지 않는다. 이들은 책상 앞에 앉아 하루를 되짚는다. 관객으로서 하루를 다시 바라본다. 나탈리 골드버그의 표현처럼, 작가는 그저 사는 것이 아니라, 삶을 곱씹고 반추하며 '다시 살아내는' 사람이다. 글쓰기를 통한 이러한 삶의 방식은 단순히 문장을 쓰는 행위를 넘어서, 자신을 더 깊이 이해하고 성찰하는 과정이기도 하다.

『혼자 있는 시간의 힘』의 저자 사이토 다카시는 대학생들에게 '1주일 동안 있었던 재미있는 일'을 발표하라는 과제를 내주곤 했다. 처음엔 당황해하던 학생들이 이내 작은 에피소드라도 찾기 위해 하루를 살펴보며 메모하고 기록하기 시작했다. 그 과정에서 이전에는 무심히 지나쳤던 풍경과 순간들이 새롭게 보이기 시작했다. 평소에는 놓치기 쉬운 사소한 일이 의미 있게 다가오고, 자신이 어떤 삶을 살아가고 있는지에 대한 통찰도 조금씩 깊어졌다. 글을 쓰기 위해 바라보기 시작하니, 보는 눈 자체가 달라졌던 것이다.

비슷한 경험은 나에게도 있다. 2000년대 초반, 겨울방학을 맞아 서울 종로의 허름한 비디오방에서 〈파이란〉이라는 영화를 보았다. 처음에는 그저 '슬프다'는 막연한 감정만이 남았지만, 그 여운이 깊었다. 그래서 다음 날 비디오테이프를 사서 다시 보았다. 두 번째 보고 나니 배우들의 연기가 눈에 들어왔고, 세 번째 보고 나니 스토리의 구조가 이해되었다. 네 번째 보고 나니 인물들의 복장과 배경이 눈에 들어왔고, 다섯 번째엔 영화가 전하고자 하는 메시지를 알수 있었다. 같은 영화를 반복해서 본다는 것은 그 영화를 깊게 바라보는 훈련이기도 했다. 이는 글쓰기가 지닌 힘과 매우 유사하다.

●

"글쓰기는 이중으로 사는 것과 같다. 작가는 모든 것을 두 번 경험한다. 현실 생활에서 한 번, 앞이나 뒤를 비춰주는 거울 속에서 또 한 번."

캐서린 보언, 미국 전기 작가

---

글을 쓴다는 것은 단순히 생각을 적는 것이 아니라, 그 생각을 하게 된 배경과 이유, 감정과 맥락을 되짚는 일이다. 글은 순간을 정지시킨다. 그 속에서 우리는 사건의 표면이 아니라 그 이면까지 들여다본다. 글쓰기란 '더 자세히' 보는 기술이다. 어떤 장면을 되새기며, 그것의 구조와 원인을 조망하게 된다. 그렇게 자기 삶을 입체적으로 바라보는 연습은 결국 자기만의 시각과 철학으로 이어진다.

글쓰기를 통해 자기 삶을 다시 들여다보는 사람은 점점 자신만의 목소리를 가지게 된다. 유행이나 다수의 시선에 휩쓸리는 것이 아니라, 자신만의 기준으로 삶을 판단하게 된다. 한때 '저녁이 있는 삶'이라는 말이 회자된 적이 있다. 저녁이 있는 삶이란 하루를 돌아볼 수 있는 여유가 있는 삶을 말한다. 하지만 저녁이 있는 삶은 단순히 시간적 여유만 있다고 해서 가능한 게 아니다. 사유와 성찰이 있어야 가능하다. 그리고 그 사유와 성찰의 가장 효과적인 수단은 글쓰기다.

사진작가와 일반인의 시선이 다르듯, 글을 쓰는 사람과 그렇지 않은 사람의 삶에 대한 태도도 다르다. 일반인은 풍경을 그저 지나쳐 갈 뿐이지만, 사진작가는 그 안에서 빛의 방향, 색의 조화, 그림자의 깊이를 본다. 같은 장면이지만 완전히 다른 밀도로 바라본다. 글을 쓰는 사람 역시 삶을 스쳐 지나가지 않고, 붙들어 두고 음미한다. 그러니 이들의 삶은 더 촘촘하고, 밀도가 높을 수밖에 없다. 글쓰기는 삶을 그냥 흘러가게 두지 않고, 붙들어 의미를 찾게 해 준다.

결국 글을 쓰는 사람은 삶을 두 번 살게 된다. 한 번은 살아내고, 또 한 번은 써 내려가며 살아낸다. 그 반복 속에서 삶은 점점 더 깊어지고, 밀도도 높아진다.

# 나이 들어서도 할 일이 있다는 건
# 행복한 일이다

•

"너 베스트셀러 작가도 되고… 잘나간다며?"

출판사 오기 직전까지 다니던 회사의 회장 전화다. 그럴 줄 몰랐다는, 뜻밖이라는 목소리였다. 내가 생각해도 그렇다. 정말 운이 좋았다. 책 쓰려고 출판사에 간 것은 아니었다. 100세 인생이란 소리에 솔깃했다. 남은 50년은 뭘 하면서 살지? 글 만지는 일로 보내고 싶었다. 아니, 선택할 수 있는 게 그것밖에 없었다.

강원국, 「글쓰기를 위한 필살기」

피터 드러커가 93세가 되던 해 어느 기자가 물었다. "당신은 평생 7개가 넘는 직업을 가졌고, 교수로만 40년을 일했는데, 언제가 당신 인생의 전성기였나요?" 피터 드러커는 의외의 답을 했다. "내 전성기는 열심히 저술활동을 하던 60대 후반이었습니다." 피터 드러커는 40여 권의 책을 썼는데, 그중 3분의 2가량을 60세 이후에 썼다. 그 가운데 『넥스트 소사이어티』와 『21세기 지식경영』은 90세 이후에 썼다.

『영원과 사랑의 대화』의 저자 김형석 교수는 1920년생이다. 100세 노인이지만, 그는 여전히 책을 쓰고 강연을 하면서 왕성하게 활동하고 있다. 그가 다루는 주제는 다양하다. 일상에서 부딪히는 문제를 지혜롭게 처리하는 방법부터 삶과 죽음의 의미에 이르기까지 인생 전반의 문제를 다루며 글을 쓰고 강연을 하고 있다. 생각할 수 있고 글을 쓸 수 있고 강연을 할 수 있는 한 그의 전성기를 계속될 것이다.

1940년생인 도보여행가 황안나 할머니는 65세에 땅끝 해남마을에서 통일전망대까지 800$km$를 종주했고, 67세에 동해를 시작으로 남해를 거쳐 서해에 이르는 해안선 일주를 했다. 같은 해 산티아고 순례길 800$km$를 완주했다. 75세에는 여덟 번째 지리산 화대종주에 성공했다. 그녀는 국내뿐 아니라 네팔, 몽골, 동티벨트, 아이슬란드, 시칠리아 등 국외 50여 개국을 돌아다니며 여행했다. 그녀는 올해 나이 여든이지만 여전히 여행하고 글 쓰며 살고 있다. 그녀는 7권의 책을 낸 작가이기도 하다.

 국어교사였던 여행 작가 신양란 씨는 정년을 9년이나 남긴 2016년 교단을 떠났다. 교직생활은 더없이 만족스러웠지만 여행 작가로 살고 싶은 열망을 가슴에 품은 채 교단에 서는 일이 마치 양다리를 걸치는 듯 마뜩지 않았기 때문이었다. 그녀는 여행하며 글을 쓰고 책을 쓰면서 살고 싶었다. 그녀의 바람은 실현되었다. 그녀는 7권의 저서를 낸 여행 작가가 되었다. 책 출간은 강연 요청으로 이어졌고 그녀는 여행인문학을 강의한다. 책 출간으로 얻은 인세와 강연을 통한 수입은 여행경비로 사용된다. 요즘은 그녀의 남편도 퇴직을 하고 그녀의 여행에 동행하고 있다. 체력이 지탱해 주는 한 그녀의 여행과 글쓰기는 계속될 것이다.

 글쓰기의 가장 큰 장점은 정년이 따로 없다는 것이다. 대기업이라고 입사를 해봐야 55세를 넘기기 힘들고, 공무원도 꽉 채워 봐야 60세를 좀 넘기면 퇴직해야 한다. 그런데 글쓰기에는 정년이 없다. 쓰고 싶은 글이 있고, 쓸 수 있는 건강이 뒷받침된다면 언제까지나 글을 쓸 수 있다. 나이 든 사람들은 거의 모든 분야에서 젊은 사람들과의 경쟁에서 뒤처지게 마련이지만, 글쓰기는 그렇지 않다. 내공이 제대로 쌓이기만 한다면, 팔팔한 젊은 작가의 필력은 나이 든 노련한 작가의 필력을 능가할 수 없다.

노년의 가장 큰 고통은 무엇이겠는가? 경제적 빈곤이나, 고독감, 질병도 노년을 괴롭게 만든다. 하지만 무엇보다 아무 할 일이 없다는 것이 노년의 가장 큰 고통일 것이다. 글쓰기 능력을 갈고닦아서 책을 쓰거나, 원고를 기고를 할 수 있으면 좋겠지만, 글쓰기는 그 자체로도 의미가 크다. 일단 무언가 할 일이 생긴다. 소소한 일상의 기록을 개인 파일에 기록해 두어도 좋고, 좋아하는 주제로 글을 써서 블로그를 비롯한 SNS에 올려도 좋다. 소통하는 글쓰기는 고독감을 이겨 내는 데 수월하고, 삶에 활기를 불어넣을 수 있다. 손가락을 많이 움직이면 뇌 건강에도 좋다.

나는 주말이면 카페 여행을 떠난다. 경주 보문단지 인근 스타벅스에 가기도 하고, 포항 송도해수욕장 인근 카페에 가기도 한다. 드문 일이기는 하지만, 서울이나, 부산으로 카페 여행을 떠나기도 한다. 카페 여행을 떠나는 이유는 딱 두 가지다. 책을 읽고, 글을 쓰기 위해서다. 새로운 곳으로의 여행도 즐겁고, 오가며 낯선 이들을 지켜보는 일도 흥미롭다. 대단한 글을 쓰는 건 아니지만, 커피 볶는 냄새를

맡으며, 노트북 자판을 두들기다 보면 작가라도 된 듯 기분이 좋아진다. 나이가 들어서도 난 이런 호사를 즐길 생각이다. 글을 쓰기 때문에 가능한 일이다.

# 출력은
# 입력을 부른다

●

"나는 글쓰기를 좋아한다. 글을 쓰게 되면 사람과 사물을 보는 눈이 달라지기 때문이다. 예사로이 보아 넘기던 일도 새로운 시각으로 보게 될 뿐만 아니라 소재를 찾기 위해 호기심도 많아진다. 책도 많이 읽고 시간 나는 대로 영화관에도 들른다. 인기 있는 물건이나 장소가 있으면 그것을 구입하든지 가보려고 노력한다. 무언가를 느끼려 하거나 스스로를 새롭게 무장하기 위해 여행도 자주 간다. 또 만나는 사람들에게서 무언가를 배우려 하기 때문에 많은 질문을 하는 등 사람에게 관심을 갖는다."

한근태, 『40대에 다시쓰는 내 인생의 이력서』

흔히 우리는 독서를 해야 글을 잘 쓸 수 있다고 생각한다. 책을 많이 읽으면 어휘력이 늘고 문장의 구조를 익히게 되며, 논리적인 사고력도 자라기 때문이다. 그래서 대부분은 입력이 출력을 부른다고 생각한다. 하지만 읽기와 쓰기의 관계는 일방향이 아니다. 읽기와 쓰기의 관계는 쌍방향이다. 읽기는 쓰기에 영향을 주고, 쓰기는 읽기에 영향을 준다. 글을 쓰기 시작하면, 더 깊이 읽고, 더 많이 듣고, 더 넓게 보는 사람이 된다. 출력은 입력을 부른다는 말이다.

한근태는 "글을 쓰게 되면 사람과 사물을 보는 눈이 달라진다."고 했다. 이는 단순한 비유가 아니다. 글을 쓰는 사람은 평범한 일상도 그냥 넘기지 않는다. 흘러가는 풍경, 스쳐 지나가는 대화, 감정의 미세한 흔들림까지도 마음에 담아둔다. 왜냐하면 언젠가 그것을 글로 옮겨야 할지도 모르기 때문이다. 글을 쓰기 시작하면 세상을 향한 감각이 깨어난다. 일상이 글감이 되기 때문이다.

이 과정에서 자연스럽게 더 많은 입력이 필요해진다. 쓸거리를 찾기 위해 영화관에 가고, 전시회를 찾고, 사람을 만나 이야기를 듣는다. 무엇보다도 책을 읽는다. 글을 쓰면 쓸수록 사두고 읽지 않았던 책들이 다시 눈에 들어온다. 글쓰기라는 목적이 생기면 독서의 방향도 달라진다. 단순한 정보 수집이나 취미 활동이 아니라, 글쓰기를 위한 사유의 재료로서 책을 대하게 되는 것이다.

글을 꾸준히 쓰다 보면 메모가 일상이 된다. 지나가는 말 한마디, 뉴스에서 본 한 문장, 문득 떠오른 단상, 책 속의 문장을 놓치지 않기 위해 손을 움직인다. "글쓰기의 8할이 자료 수집이다."라는 말이 있다. 많은 작가들이 메모광이라는 사실은 결코 우연이 아니다. 에머슨, 다빈치, 빅토르 위고처럼 유명한 필자들은 대부분 메모에 집착했던 사람들이다. 좋은 글을 쓰기 위해, 그들은 입력하고, 정리하고, 곱씹는 일을 게을리하지 않았다.

또한, 글쓰기는 단순히 정보를 나열하는 일이 아니다. 입력된 정보를 자신의 언어로 가공하고, 새로운 논리로 배열하며, 자신만의 생각을 담아내는 과정이다. 이 과정은 필연적으로 '생각'을 필요로 한다. 따라서 글을 쓰는 사람은 깊이 있는 사고의 훈련을 반복하게 된다. 여러 자료를 연결하고, 비교하고, 맥락 속에서 재해석하는 일은 지적 확장을 불러오며, 그 자체로 지적 성장을 가능케 한다.

글쓰기를 계속하다 보면 자연스럽게 제너럴리스트(Generalist)가 된다. 이는 단순히 여러 분야에 관심이 많다는 뜻이 아니다. 제너럴리스트란 사물과 사상 간의 관계와 맥락을 읽을 줄 아는 능력, 전체를 보는 시야를 갖춘 사람을 말한다. 글을 쓰다 보면 하나의 주제를 깊이 있게 다루기 위해 주변 영역을 공부해야 하고, 하나의 문장을 쓰기 위해 관련된 역사나 철학을 들춰보게 된다. 이처럼 쓰기라는 행위는 지식을 넓히고, 동시에 깊이 파고들게 만든다.

여성학자 정희진은 "여러 분야의 책을 읽다 보면, 한 분야만 공부한 전공자보다 더 깊게, 더 많이 알게 된다."고 말했다. 이는 단순히 박학다식하다는 의미를 넘어서, 지식이 어떻게 형성되고 어떤 맥락 속에서 작동하는지를 이해하게 된다는 뜻이다. 글쓰기를 통해 우리는 학문적 경계 너머로 넘어가고, 지식을 재해석하며, 정보와 정보 사이의 간극을 메우는 사람이 된다.

사람들은 말한다. 입력이 출력을 부른다고. 맞는 말이다. 그러나 그 반대도 진실이다. 출력도 입력을 부른다. 글을 쓰면, 우리는 더 많이 읽게 되고, 더 깊이 듣게 되며, 더 예민하게 보게 된다. 그리고 그렇게 쌓인 입력은 다시 더 나은 출력을 낳는다. 글쓰기는 단지 표현의 수단이 아니라, 생각하고 배우고 성장하는 삶의 방식이다.

# 글쓰기는
# 힘이 세다

●

"링컨 아저씨, 아저씨는 너무 딱딱해 보여요. 수염을 기르세요. 수염을 기르시면 훨씬 부드러워 보일 거예요. 그러면 부인들에게 인기가 오를 거고, 부인들이 남편들을 설득할지도 몰라요. 그렇게 되면 당선되는 데 틀림없이 도움이 될 거예요. 수염을 기르세요."

1860년, 미국 대통령 선거가 한창이던 어느 날, 링컨에게 편지 한 통이 날아들었다. 어느 소녀가 보낸 편지였다. 소녀는 링컨에게 수염을 기를 것을 권했고, 링컨은 곧바로 수염을 길렀다. 소녀의 충고 덕분이었는지 링컨은 정말 대통령에 당선되었고, 역사에 이름을 남길 수 있게 되었다. 수염을 기른 것이 실제로 득표에 영향을 주었는지는 분명하지 않지만, 소녀의 편지가 링컨의 마음을 움직인 건 사실이었다.

2013년 5월, 『뉴욕타임스』에 실린 기사를 읽은 사람들은 적잖은 충격을 받았다. 글을 쓴 사람이 영화배우 앤젤리나 졸리였기 때문이다. 그녀는 유전성 유방암 유전자(BRCA) 검사를 통해 자신이 유방암에 걸릴 확률을 분석했는데 그녀가 유방암에 걸릴 확률은 87%였다. 자신이 유방암에 걸릴 확률이 높다는 걸 안 앤젤리나 졸리는 결국 수술(유방절제술)을 선택했는데, 자신의 경험이 다른 여성들에게 도움이 될 것이라고 판단해서 신문에 글을 썼다. 졸리는 다른 여성들도 자신처럼 유전자 검사를 받고 만약 위험도가 높게 나온다면 선택할 수 있는 강력한 방안이 있음을 알려 주고 싶었다. 그녀의 글은 큰 반향을 일으켰는데, '앤젤리나 효과'라고 불리며, 유전성 유방암을 세계적인 이슈로 만들었다.

〈엑스맨〉, 〈아메리칸 허슬〉, 〈마더〉 등의 영화에 출연한 제니퍼 로렌스는 여배우 수입 1위를 달리는 할리우드 스타다. 2013년에는 최연소 아카데미 여우주연상을 받기도 했다. 로렌스는 한 인터넷 신문에 「내가 왜 남자 동료들보다 적은 출연료를 받아야 하지」라는 제목의 글을 올려 남녀 배우의 개런티를 차별하는 관행을 공개적으로 비판했다. 그녀의 글은 많은 동료들의 지지를 받으며, 큰 반향을 일으켰다.

'미네르바'라는 필명으로 더 유명한 인터넷 논객 박대성 씨는 2008년 3월부터 포털 다음 아고라에 경제 이슈 관련 글을 지속적으로 올렸는데, 특히 같은 해 8월 세계적인 투자회사 '리먼브라더스의 파산'을 예측해 눈길을 끌었다. 환율과 증시의 변동, 서브프라임 모기지 사태까지 정확히 예측하자, '온라인 경제대통령'이라는 닉네임까지 얻었다. 미네르바의 분석력, 종합력, 예측력은 외국 언론에서도 화제가 되었다. '전기통신기본법 위반'이라는 듣도 보도 못한 죄목으로 구속되기도 했던 박대성 씨는 출감 후 『미네르바 경제노트』, 『미네르바의 경제전쟁』이라는 책을 출간하기도 했다. 그가 밝힌 경제적 견해의 타당성에 대해서는 평가가 엇갈리기도 하지만, 그가 인터넷이라는 공간을 매개로 강력한 영향력을 발휘했다는 건 엄연한 사실이다. 그 영향력의 핵심에는 그의 필력이 있었다. 그에게 글쓰기 능력이 없었더라면, 그만한 영향력을 발휘하지 못했을 것이다.

공공기관에 민원을 요청하는 경우도 전화보다는 해당 기

관 홈페이지에 글로 올리는 편이 대체로 유리하다. 전화로 문의를 하면, 뭉그적거리는 경우가 많은 반면, 글로 적어서 올려놓으면, 금방 처리가 되는 경우가 많다. 기업에 요구사항을 요청할 때도 마찬가지다. 전화 요청보다 해당 기업 홈페이지를 이용하는 편이 훨씬 처리 속도가 빠를 때가 많다.

●

"활자의 매력은 그냥 말로 했을 때보다 훨씬 단단하고 진짜같이 느껴진다는 점이다. 그리고 주관적인 의견일지라도 객관적으로 보이게끔 만든다."

---

『밤의 인문학』을 비롯한 10권이 넘는 책을 쓴 저자이자, 일러스트레이터인 장석원의 말이다.

글은 보통 고치고 또 고친 후에 자신을 드러낸다. 말이 캐주얼 차림이라면, 글은 정장 차림이다. 말은 소탈하지만, 글은 깐깐하다. 내용 면에서 글이 말보다 충실할 가능성이 높다. 말이 대부분 즉각적인 생각에 의존하는 반면, 글은 보통 취합한 자료에 의존하기 때문이다. 취합한 자료는 곧 주장하는 바의 근거다. 근거가 분명하니 힘이 실린다. 공적

매체에 실리면 한층 더 그럴듯하게 보인다. 신문이나, 책 같은 매체에 실리면 더욱 그럴듯하게 보이고, 더 강력한 힘을 발휘한다. 게다가 글은 무한복제성이 있다. 원하는 누구의 손에나 쥐어질 수 있다. 웹이 일반화되면서 이는 더욱 수월해졌다.

정리하자. 글은 자신을 잘 가다듬고 읽는 사람 앞에 선다. 말에 비해 근거도 충실하다. 공신력 있는 매체에 쓰면 더욱 그럴듯하게 보인다. 인터넷에 글을 쓰는 것도 좋다. 웹이 일반화되면서 글은 삽시간에 퍼질 수 있게 되었다. 이런 까닭에 글은 힘이 아주 세다.

# 글쓰기는 온전히
# 자신만의 산물이다

•

"글을 쓰는 과정은 기획과 실행이 일치합니다. 글을 쓰는 사람이 무엇에 대해 쓸지, 어떤 문체와 어떤 난이도로 쓸지, 어떤 문헌들을 참고할지, 어떤 순서로 할지, 누구를 독자로 삼을지 등을 스스로 정하고 스스로 실행합니다. 그러므로 생산 활동에서 자기 소외가 발생하지 않습니다. 내가 쓴 글은 온전히 내 정신과 노력의 산물입니다. 결과물이 훌륭할 수도 있고, 조금 부족할 수도 있지만, 훌륭하면 훌륭한 대로 모자라면 모자란 대로 성취감이 있고, 애착이 갈 수밖에 없습니다."

박민영, 『글을 쓰면 자신을 발견하게 됩니다』

글쓰기는 순수한 창조 행위다. 무엇을 쓸지부터 어떻게 마무리할지까지, 전 과정을 오롯이 자신이 결정하고 실현한다. 이 점에서 글쓰기는 예술 창작과 닮아 있다. 예술가가 재료를 고르고, 표현 방식을 정하고, 완성된 작품에 자신의 영혼을 투영하듯, 글 쓰는 사람도 하나의 문장, 하나의 단락에 자신의 생각과 감정을 쏟아붓는다. 그래서 글 쓰는 사람은 결과물의 질과 관계없이 자신의 글에 강한 애착을 느낀다.

이러한 창작의 주체성은 일상에서 쉽게 경험하기 어렵다. 현대인은 대체로 분업화된 구조 안에서 살아간다. 기획에 참여한다고 해도 그것이 온전히 자신의 생각대로 실현되기 어렵고, 실행에 참여하더라도 전체적인 과정의 일부에만 관여한다. 완전한 주체로서 일의 전 과정을 경험하는 일은 드물다. 이렇게 자기결정권이 부족한 삶에서는 자기 소외가 발생하기 쉽고, 결국 일이나 결과물에 애정을 느끼기 어려워진다.

이케아(IKEA)의 사례는 이를 잘 보여준다. 이케아 가구는 직접 배송받아 조립해야 하는 번거로움이 있지만, 소비자들은 오히려 이런 과정을 통해 가구에 대한 애착을 갖게 된다. 하버드대와 듀크대 연구진의 실험에 따르면, 사람들은 직접 만든 물건에 훨씬 더 높은 가치를 부여하며, 그 경험이 자기 효능감을 높여주는 효과를 낳는다. 글쓰기도 이와 같다. 글을 직접 쓰는 사람은 그 글에 자연스럽게 애착을 갖게 되고, 그것이 비록 미흡한 글이라 하더라도 나름의 만족과 성취를 경험한다.

드러머 남궁연은 "느낌표만 있는 삶"에 대해 이야기한 적 있다. 타인의 공연, 연기, 성과에 감탄하며 살아가는 삶, 그러나 정작 자신만의 결과물이 없는 삶을 그는 '느낌표뿐인 삶'이라고 했다. 무대에 선 건 언제나 타인이며, 자신은 늘 감상자일 뿐인 삶이다. 이런 식의 삶은 다른 사람들의 이야기만은 아니다. 우리는 감상하는 데 익숙하지만, 스스로 어떤 것을 만들어내는 데는 소극적이다. 깊은 만족은 대개 관람이 아니라 창작에서 온다. 나만의 결과물이 없는 삶은 자칫 공허해질 수 있다.

이와 같은 이유 때문에 사람들은 사진을 찍고, 그림을 그리고, 음악을 만들고, 때론 글을 쓰는지도 모른다. 이는 꼭 예술가가 되기 위한 것이 아니더라도, 내 손으로 무언가를 만들어 내고 싶은 인간 본연의 욕망을 실현하는 행위다. 자기 안의 생각을 꺼내어 형상화하는 일, 그것이야말로 인간을 인간답게 만드는 가장 본질적인 활동이다. 그 가운데서 가장 쉽고, 비용이 들지 않으며, 접근이 자유로운 것이 바로 글쓰기다.

글쓰기는 종이 한 장, 펜 한 자루, 혹은 노트북 하나만 있어도 시작할 수 있다. 글쓰기는 내 기분, 내 생각, 내 상념을 자유롭게 풀어낼 수 있는 공간이다. 어떤 형식도 규칙도 강요하지 않는다. 회사에서 꾹 참아야 했던 상사에 대한 불만도, 가족에게 털어놓기 어려운 감정도, 글이라는 형식을 통해 온전히 드러낼 수 있다. 글은 독백이자, 고백이며, 조용한 반항이기도 하다.

더 나아가, 글쓰기는 행복의 실마리가 되기도 한다. 1958년 영국에서 진행된 대규모 아동 추적 연구는 행복과 부의 관계보다 자기 결정권과 행복의 관계가 상관관계가 더 높은 것으로 나타났다. 또 심리학자들의 연구에 따르면 스트레스가 가장 큰 직종은 단순히 일이 많은 직업이 아니라, 일에 대한 통제권이 거의 없는 직업이었다. 삶에서 자기 결정이란 심리적 안정과 만족의 근원이라는 말이다.

이런 점에서 글쓰기는 비록 소소하지만 가장 확실한 자기결정의 영역이다. 나는 교직 생활을 20년 넘게 해오고 있지만, 그 안에서도 완전한 자율을 느끼기란 쉽지 않았다. 교육 현장은 본질적으로 공동체의 협업이 요구되는 구조이기 때문이다. 그래서 나는 새벽마다 글을 썼다. 아무도 간

섭하지 않는 시간, 어떤 규칙도 없이 나만의 생각을 펼치는 시간. 그 순간만큼은 누구의 부속도 아니고, 어떤 시스템의 일부도 아니다. 나는 온전히 '나'로 존재한다.

 이처럼 글쓰기는 생각의 도구이자 치유의 수단이며, 동시에 나를 나답게 만들어 주는 작업이다. 세상에는 내가 내 마음대로 할 수 있는 일이 많지 않지만, 글쓰기만큼은 예외다. 글쓰기는 가장 소박하지만 가장 온전한 자유의 공간이다. 결과물의 질이 어떻든, 그것은 나의 정신이 깃든, 온전한 나만의 '산물'이다.

# 글을 쓰면
# 있어 보인다

●

"특별활동 시간도 돈 들어가니까 저한텐 공포의 시간이었어요. 그래서 글쓰기 반에 들어갔어요. 돈이 안 드니까요. 4학년 때인가 5학년 때인가, 선생님이 글을 하나 쓰라고 해서 썼어요. 그런데 제 글이 서울시에서 상을 받은 거예요. 그 학교에서 서울시에서 상 받은 아이는 제가 처음이었나 봐요. 조회 시간에 단상에 올라가서 글을 읽었어요. 그다음부터 여자애들이 달라졌어요. (웃음) 작가가 탄생한 거죠."

강신주, 『강신주의 맨얼굴의 철학 당당한 인문학』

철학자 강신주는 어린 시절 무척 가난했다. 원래 살던 경남 함양을 떠나 서울로 이사한 후에도 그의 가족은 경제적 여유가 전혀 없었다. 부모는 생계를 유지하느라 바빴고, 어린 강신주는 늘 혼자였으며, 비염으로 인해 늘 콧물을 닦아야 했다. 콧물을 닦느라 소매가 번들거릴 정도여서, 같은 반

아이들은 그와 짝이 되는 것을 꺼렸다. 담임 선생님은 아이들의 부담(?)을 덜어주기 위해 매주 자리를 바꾸었다고 한다.

그런 그에게 전환점이 찾아왔다. 별생각 없이 쓴 글 한 편이 서울시 대회에서 상을 받았다. 학교 역사상 처음으로 서울시 대회 글쓰기 수상자가 된 그는, 전교생 앞에서 글을 읽는 영광을 누렸다. 그 순간부터 그를 보는 아이들의 시선이 달라졌다. 그가 쓴 글을 듣고 감탄했던 여자아이들은 그를 새로운 시선으로 보기 시작했다. 작가가 탄생한 순간이었던 것이다.

●

"외모에 자신이 없으니 편지로 접근하는 게 유일한 방법이었다. 실제로 내가 젊은 시절 사귀었던 여자들은 대부분 편지에 넘어간 사례다. 당시 내가 편지를 무척 잘 썼던 것은 아니었지만, 편지를 읽은 여자들은 내가 사슴과 같은 내면을 가졌다는 것을 알게 됐고(?), 목마른 사슴에게 따스한 손을 내밀어주기도 했다."

서민, 『서민적 글쓰기』

---

기생충 박사 서민 교수도 비슷한 경험을 했다. 기생충 박사로 유명한 서민 교수는 외모에 대한 콤플렉스가 있었다. 그는 중학교 시절부터 여학생들의 시선이 두려워 고개를

들지 못하고 다녔다고 고백한다. 대학에 가서도 미팅에서 번번이 거절당했고, 자존감은 바닥이었다. 그러나 그에겐 '글'이 있었다. 그는 편지를 통해 자신의 마음을 표현했고, 상대방의 마음을 열 수 있었다. 그는 "편지를 읽은 여자들이 내 안에 사슴 같은 내면이 있음을 알아봤다."고 회고하며, 글이 사람에 대한 인상을 바꿀 수 있다는 것을 몸소 보여주었다.

개그맨 정형돈도 글솜씨로 인생의 반려자를 만났다. 그는 고등학생 시절 친구들의 연애편지를 대필해 주고 용돈을 벌었고, 회사에 다니던 시절엔 단편소설을 쓰기도 했다. 그는 방송작가 한유라와 결혼했는데, 그 배경에도 그의 글 실력이 있었다. 아나운서 전종환도 마찬가지다. 그의 글에 감동한 문지애 아나운서가 전종환 아나운서와의 결혼을 결심하게 되었다고 한다.

이처럼 글에는 사람의 마음을 움직이는 힘이 있다. 우리는 일상 속에서 무의식적으로 타인을 평가한다. 그 평가의 기준은 때론 외모고, 때론 학력이나, 직업일 수 있다. 다른 사람에 대한 이런 평가는 어지간해서는 잘 바뀌지 않는다. 그러나 어떤 사람이 절묘한 글솜씨를 보여주는 순간, 우리는 그 사람을 다시 보게 된다. 글은 그 사람의 정신을 드러내는 통로이기 때문이다. 어떤 사람이 쓴 글이 훌륭하다면, 그 사람의 정신도 훌륭한 것이다. 그래서 어떤 사람이 절묘한 글솜씨를 보여주는 순간, 우리는 그 사람을 다시 평가하게 된다.

글을 잘 쓰기 위해서는 많이 읽고, 많이 생각하고, 많이 써야 한다. 독서를 통해 지식이 쌓이고, 사유를 통해 통찰이 깊어지며, 반복된 글쓰기를 통해 표현력이 단련된다. 글쓰기는 단지 언어의 기술을 넘어 사고력과 감수성, 집중력과 인내심을 기르는 작업이다. 그러니, 글을 잘 쓰는 사람은 아는 것이 많고, 사고가 단단하며, 감정이 풍부한 사람일 가능성이 높은 것이다. 이런 이유로 글을 잘 쓰는 사람은 '있어 보이는 사람'이 아니라, 실제로 '무엇인가 있는 사람'이다.

대개 말보다 글이 더 어렵고, 더 강력하다. 글은 숙고의 산물이기 때문이다. 글에는 꾸준한 사유와 정리가 담기다 보니, 글은 더 오래 기억에 남고 더 강한 인상을 남길 수밖에 없다. 말이 순간의 불꽃이라면, 글은 오랜 빛이다. 이렇다 보니 글은 쓰는 사람의 정신을 변화시키고, 글쓴이를 바라보는 타인의 시선을 변화시키기도 한다.

# 책쓰기,
# 당신도 가능하다

●

"선택받은 소수만이 '작가'라는 이름표를 달던 시대가 저물고 있음에 감사하자. 이제는 본질에만 집중하자. 글쓰기 자체에만 '올인'하자. 종이책이 되었든 전자책이 되었든 등단을 하든 못하든 그런 문제는 전혀 중요하지 않다. 중요한 것은 당신에게 '메시지'가 있고, 이를 효과적으로 전달할 수 있는 '문장력'이 있는가 하는 것뿐이다. 그것만 확실히 손에 쥐게 되면 당신은 이미 '작가'다. 다시 강조하건대. 지금은 '개나 소나' 작가가 될 수 있는 시대다."

배상문, 『그러니까 당신도 써라』

『책으로 변한 내 인생』의 저자 이재범은 웹상에서 '핑크팬더'라는 닉네임으로 더 유명하다. 저자는 그저 남들보다 책을 조금 더 읽는 수준의 평범한 독서가였다. 20대에는 주로 소설만 읽었고, 30대가 되면서 본격적으로 책을 읽기 시작했다. 30대부터 1년에 100권 정도 책을 읽으면서, 1권도 빼먹지 않고, 블로그에 서평을 올렸다. 서평 수준은 그다지 높지 않았다고 한다. 그저 마음 편하게 독후감을 올린다는 생각으로 한 편 한 편 올렸다고 한다. 그렇게 꾸준히 서평을 올리다 보니, 어느새 서평만 1,000편이 넘었고, 글쓰기 실력도 많이 향상되어 있었다. 꾸준히 블로그에 서평을 올리다 보니, 네이버 2013년 파워블로거가 되고, 예스24 파워문화블로그, 인터파크 파워북피니언으로 선정되었다. 그러다가 출판 요청이 들어오고, 그렇게 그는 『책으로 변한 내 인생』을 비롯한 10권의 책의 저자가 되었다.

『나는 도서관에서 기적을 만났다』의 저자 김병완은 원래 삼성전자에서 일하던 사람이다. 삼성전자에서 10년 이상 연구원 생활을 하던 그는 어느 순간 직장생활에 대한 심한 회의를 느낀다. 가족들의 만류에도 불구하고, 직장생활을 그만둔 김병완은 부산으로 내려가서 독서에 열중한다. 3년 동안 도서관에 틀어박혀 책만 읽던 그는 급기야 책을 쓰기에 이른다. 글쓰기에 대해서 제대로 배워 본 적이 없었지만, 많이 읽고, 많이 써 보는 가운데 쓰는 법을 터득했고, 책까지 내게 되었다. 그는 50권도 넘게 출간한 베스트셀러 작가가 되었다.

『멋진룸 심플한 살림법』을 쓴 장새롬 저자도 원래부터 글을 쓰던 사람은 아니었다. 그녀가 블로그에 글을 쓰기 시작한 것은 결혼을 하고 나서부터였다. 고향을 떠나 결혼생활을 하던 그녀는 타지 생활의 심심함을 달래기 위해서 블로그에 일기나 상품리뷰를 쓰기 시작했다. 그러다가 첫 아이가 생겼고, 블로그에 글을 쓰면서 아는 사람도 많이 없는 곳에서 아이를 키워야 하는 고단함을 달랬다.

'뭘 쓸까?' 고민을 하다가 돈 안 들이고 아이와 놀아 줄 수 있는 방법을 생각하게 되었고, 차츰, 집밥, 절약, 비우는 삶 등으로 영역이 확대되었다. 그러다 블로그에 올린 글을 보고 출판사에서 연락이 왔고, 3권의 책을 낸 저자가 되었다. 책으로 낸다고 해서 특별히 더 글에 신경을 쓴 건 아니었다고 한다. 블로그에 올린 글을 그대로 책에 옮긴 경우도 있었단다.

『소소하게, 독서중독』의 김우태 저자는 PC게임에 빠져 살던 사람이다. 게임에 빠져 살다가 결혼 후 독서에 열중하게 되었는데, 처음에는 독서만 하다가, 차츰 글쓰기에도 관심을 가지게 되었다. 대학생 리포트 사이트에 독후감을 올려서 용돈 벌이를 하던 김우태 씨는 급기야 책을 쓰기로 마음먹는다. 2015년 『오늘도 조금씩』을 시작으로 현재 10여 권의 책을 쓴 저자가 되었다.

　글을 전문적으로 쓰던 사람이 아니면서도, 책을 쓰게 된 사람들은 이 밖에도 많다. '쉽고, 빠르게 영양가 있는 밥상을 차리는 방법'을 블로그에 올렸다가, 책을 쓰게 된 사람도 있고, 요리 과정을 일일이 사진으로 찍고, 자세한 설명을 달아서 블로그에 올렸다가, 방문객이 늘고, 출판사로부터 연락이 와서 요리책을 내게 된 사람도 있다. 그런가 하면 비싼 가구나 소품 없이 멋진 신혼집을 꾸미는 방법을 공유하다가 책까지 내게 되는 경우도 있다. 또, 어떤 사람은 인터넷에 소설을 써서 올렸다가 출판사의 눈에 띄어 책을 내기도 한다.

　예전에는 책을 쓰는 일이 전문작가들의 영역에 속했지만, 지금은 그렇지 않다. 주부도 책을 내고, 직장인도 책을 내고, 김밥집을 하는 사람도 책을 내고, 양계장을 하는 사람도 책을 낸다. 팔릴 만한 콘텐츠이기만 하면 출판사에서 먼저 연락이 오는 경우도 있다. 글솜씨도 좋고, 콘텐츠도 좋으면 더할 나위 없겠지만, 글솜씨보다 중요한 건 콘텐츠다. 유려한 명문이면 더할 나위 없겠지만, 글은 기본적으로 의미를 제대로 전달할 수 있는 정도면 된다. 콘텐츠만 좋다면, 글은 출판사에서 조금 손을 봐 줄 수도 있다.

"책을 쓸 만한 분량을 어떻게 채우느냐?" 하는 사람도 있을 법한데, 분량 또한 생각하기 나름이다. 책은 보통 '아래아 한글' 기준 글자 크기 10으로 A4 100장 정도 쓰면 된다. 이보다 조금 많아도 되고, 적어도 된다. 1주일에 A4 2장을 쓰면, 1년에 100장을 쓸 수 있다. 1주일에 2장 쓴다는 생각으로 꾸준히 써 나가면 된다.

처음에는 나처럼 남을 위한 책이 아니라, 자기만족을 위한 책(?)부터 쓸 수 있다. 일기든 뭐든 무조건 쓰면서 페이지를 채워 가는 것이다. 그러다 100페이지가 되면 그걸 인쇄해서 바인더로 묶고, 멋지게 제목도 붙인다. 자기만을 위한 책을 만들어 보는 것이다. 내 경우는 주로 '3P 바인더'라는 20공 바인더로 묶는다. '3P 바인더'는 A5 사이즈의 바인더인데, 일반적인 책 사이즈보다 조금 크다. 이렇게 뭐든 써서 100페이지가 되면, 인쇄해서 책장에 차곡차곡 쌓아간다. 책장에 하나둘 쌓여 가는 바인더를 보면, 성취감을 느끼게 되는데, 이는 계속 글을 써 가는 동력이 된다. 이렇게 그저 자기만족을 위한 책을 만들어 가다 보면, 필력이 쌓이고, 자주 쓰게 되는 분야가 생긴다. 그러면 그 분야에 대해서 더 많은 독서를 하고, 더 많을 글을 쓰면 된다. 그러니까 이런 거다. 처음에는 자기 말고도 아무도 읽지 않을 책을 자꾸 쓰는 거다. 그러다 보면 나중에는 남들도 읽고 싶을 만한 책을 쓸 수 있게 된다.

글쓰기는 그 자체로도 얻는 점이 많지만, 글쓰기가 책쓰기로 이어진다면 지식소비자에서 지식생산자로의 극적인 전환이 이루어진다. 강의요청이 들어오기도 하고, 원고요청이 들어오기도 한다. 인세라는 걸 받을 수도 있게 된다. 다른 사람들에게는 그런 일이 일어났다. 당신에게는 일어나지 말라는 법이 있는가?

# 퍼스널 브랜딩이
# 가능하다

•

"사람들은 책을 쓴다. 바쁘다고 아우성치면서도 돌아앉아 책을 쓴다. 왜 그렇게들 책을 쓰는 것일까? 블로그처럼 재미 삼아 쓰는 것도 아니고, 술자리와 밤잠을 줄여가며 왜 그렇게들 쓰는 것일까? 쓰는 사람마다 동기는 다르겠지만 그들 누구나 손꼽는 이유 하나가 있다. 책쓰기가 가장 값싸고 가장 빠르고 가장 효과 확실한 자기 마케팅 수단이라는 것! 당신의 수고로움만 뺀다면 비용도 전혀 들지 않는다."

송숙희, 『당신의 책을 가져라』

고(故) 구본형 씨는 원래 한국 IBM에서 일하던 평범한 직장인이었다. 20년을 IBM에서 일했고, 그중 16년을 같은 부서에서 일했다. 세계적인 기업의 일원이라는 잘 포장된 삶을 살았던 구본형에게 어느 날 삶의 회의감이 밀려왔다. '나는 누구인가?', '이제까지 무엇을 해 놓았는가?', '앞으로 어떤 삶을 살 것인가?'라는 화두를 놓고 치열하게 고민했고, 그 과정에서 얻어진 것을 책으로 썼다. 그 책이 바로 98년에 출간된 『익숙한 것과의 결별』이다. 그 후 60여 권의 책을 낸 구본형 씨는 '변화경영전문가'라는 이름으로 사람들의 뇌리에 각인되었다. 『익숙한 것과의 결별』, 『낯선 곳에서의 아침』의 성공으로 구본형은 마흔여섯 나이에 직장을 그만두고, '구본형변화경영연구소'를 세웠다. 1인 기업가로서 인생을 시작한 것이다. 구본형이라는 브랜드는 이렇게 탄생되었다.

오지 여행가 한비야는 대학을 졸업하고, 미국 유타대학에서 국제홍보학 석사 학위를 취득했다. 이후 국제홍보회사에 들어가서 성공가도를 달리고 있었다. 그러다 갑자기 사표를 던지고 세계 여행길에 올랐다. 어린 시절 『80일간의 세계 일주』를 읽고 아버지에게 약속했던 세계 일주의 꿈을 지키기 위해서였다고 한다. 1996년 6년간 홀로 여행하면서 경험한 일을 책으로 냈다. 잘 알려진 『바람의 딸 걸어서 지구 세바퀴 반』이라는 책이다. 이 책으로 한비야는 베스트셀러 작가가 된다.

2005년 또 다른 책 『지도 밖으로 행군하라』를 내는데,

이 책은 100만 부가 넘게 팔렸다. 이제 사람들은 한비야라는 이름을 떠올리면, '베스트셀러 작가', '국제구호 전문가' 등의 이름을 떠올린다. 만약 글솜씨가 형편없었더라면, 그래서 책을 쓰는 일 따위는 엄두도 내지 못했다면, 한비야는 그저 여기저기 다니는 여행객으로 머물고 있었을지도 모른다. 글쓰기가, 책쓰기가 한비야를 하나의 브랜드로 만들었다.

『아트 스피치』라는 책으로 유명한 김미경 원장은 원래 작곡과를 나와서, 피아노 학원을 운영하던 사람이다. 그녀의 학원은 개원 1년 6개월 만에 원생 200명을 모집하며 승승장구했는데, 그때부터 이곳저곳 불려 다니며 강의를 하게 되었다. 소위 '성공비법'을 말하고 다닌 것이다. 강의는 적성에 맞았지만, 처음부터 스타강사로 이름을 떨친 건 아니었다. 초보강사 시절에는 강의 중 쉬는 시간에 아무도 말을 걸어오지 않았다고 한다. '내가 지식이 없어서 강의를 못하는구나!'라고 생각한 김미경 원장은 그때부터 책을 읽기 시작했다.

그렇게 시작된 독서는 글쓰기로, 책쓰기로 이어졌다.『언니의 독설』,『김미경의 아트 스피치』,『꿈이 있는 아내는 늙지 않는다』, 『나는 IMF가 좋다』 등 다수의 책을 내게 되었다. 책을 쓰지 않았다면, 아마 지금과 같은 스타강사의 반열에 오르지 못했을 것이다. 김미경이라는 이름을 알리고, 하나의 브랜드로 각인시킨 건 그녀의 책이었다. 글을 쓰지 않았더라면, 책을 내지 않았더라면 불가능했을 일이다.

 문화체육관광부 국민독서실태조사 연구보고서에 따르면, 2017년 기준 우리나라 성인 연간 독서량은 8.3권에 불과하다. 성인들의 독서량은 2015년 이후 계속 떨어지고 있다. 책이 안 팔리는데도, 책을 쓰겠다는 사람들은 오히려 많아지고 있다. 우리나라 책쓰기 열풍에는 그럴만한 이유가 있다. 100세 시대가 되었는데, 오히려 직업 수명은 짧아졌다. 마흔만 넘으면 다니던 직장을 나와야 하는 경우가 많아졌다. 직장을 나오면 오로지 자신의 전문성과 경쟁력으로 살아야 하는데, 자기 전문성과 경쟁력을 강화하고, 홍보하는 방법이 마땅치가 않다. 책쓰기 열풍은 이런 현실을 반영한다.

 직장인들이 가장 두려워하는 건 은퇴 이후의 삶이다. 글쓰기가 책쓰기로 이어진다면 자기를 증명할 방법이 생긴다. '내가 이런 분야에 이만한 전문성을 갖추고 있다.'는 걸

알리기에 저서만큼 좋은 게 없다. 쓴 책이 명함 역할을 하고, 자신을 홍보한다. 어느 정도 인지도가 쌓이면, 자기 이름이라는 브랜드가 생긴다.

# 글쓰기,
# 자기 목소리 지키기

●

"누구나 마음속 목소리를 가지고 있다. 사람들의 비판을 피할 한 가지 방법은 그들과 한목소리를 내는 것이다. 어떤 사람이 말한 요점을 따라 말하거나, 전에 들었던 말을 메아리처럼 반복하며 몸을 숨기는 것이다. 산업사회는 우리가 원자재 공장에서 돌아가는 톱니바퀴의 톱니처럼 쉽게 대체할 수 있는 존재이길 바란다. 하지만 누구나 마음속 목소리를 가지고 있다. 그리고 그것은 모두 다르다. 사람마다 경험과 꿈, 공포의 대상이 다르다. 물론 내 목소리를 내었는데도 일이 잘되지 않을 수 있다. 그러나 그 소리조차 내지 않고 담아 둔다면, 결국 독이 되고 말 것이다."

세스 고딘, 『린치 핀』

코끼리를 길들여 돈을 벌려는 사람들은 아기 코끼리를 잡아다가 움직이지 못하게 묶어둔다. 그런 후에 아무것도 먹이지 않는다. 배고픔 때문에 저항을 완전히 멈출 때까지 아무것도 주지 않는다. 그것도 부족하면 몽둥이로 때린다. 이 과정에서 절반이 넘는 아기 코끼리가 죽는다. 이런 과정을 거치고도 살아남은 아기 코끼리들은 조련을 받은 후에 관광객을 태우는 돈벌이 수단으로 전락한다.

이런 과정을 겪으면서 코끼리들의 영혼은 산산이 부서진다. 이제 아기 코끼리들은 어미를 찾지 않게 된다. 몽둥이의 고통을 이길 수 없다는 것도 알게 된다. 아기 코끼리들은 이제 그저 주인의 요구에 귀를 기울이는 수동적인 존재가 된다. 자기들 내면의 목소리는 듣지 못하게 된다.

얼마 전 EBS에서 교육 다큐멘터리를 방영한 적이 있다. 리포터가 한 서울대 학생에게 물었다.

"왜 수업 시간에 질문하지 않나요?"

그 학생은 이렇게 대답했다.

"가끔 질문하고 싶은 게 있기는 한데 주저하게 된다. 까딱하다가는 '나댄다'는 소리를 들을 수 있기 때문이다. 어지긋이 궁금하지 않으면 질문을 안 하게 된다."

다른 학생들도 대개 이와 같은 대답을 했다. 우리 문화권은 말수가 적은 걸 미덕으로 여기는 경향이 있다. 자기 의견을 분명하게 이야기하는 것을 부정적으로 보는 경향도 있다. 대학생들도 이러한 정서에서 자유롭지 못한 것 같다.

나도 그렇다. 나는 일상에서 정말 하고 싶은 이야기를 거의 하지 못한다. 내가 정말 말하고 싶은 주제는 대개 너무 진지하기 때문이다. 자칫 속에 있는 말을 꺼내놓았다가는 "잘난 척한다." 혹은 "사차원이다." 등과 같은 비난을 듣기 십상이다. 그래서 정말 하고 싶은 말은 삼켜두었다가, 혼자 있는 시간에 글로 적어두거나 블로그에 옮긴다. 그러니 내가 일상 속에서 하는 백 마디 말보다 블로그에 쓰는 열 마디 말이 나라는 인간의 본질에 훨씬 가까울 수밖에 없다.

●

"오랫동안 회사에 다녔던 사람에게 은퇴라는 건, 장기수가 갑자기 감옥문을 박차고 나오는 것과 같다. 우리나라에서 '사회적 성공'은 '자기 억압'의 결과로 주어지기 때문에, 마치 감옥살이 같은 것이다."

응급 심리치료사 정혜신 박사 인터뷰 중에서, 2019. 1. 4. 『매일신문』

나날의 삶에서 우리가 직면하는 상황은 복잡하고 미묘하다. 상황을 고려하지 않고 말하다가는 분란을 일으키거나 구설에 오르기 십상이다. 말을 걸러서 할 수밖에 없다는 말이다. 글쓰기에는 여러 가지 좋은 점이 있는데, 하고 싶은 말을 여과 없이 할 수 있다는 점도 그중 하나다. 그러니 가장 가까운 직장 동료보다 내 일기장이 나에 대해 더 많이 안다고 할 수 있다.

하고 싶은 말을 다 하고 살 수는 없지만, 꼭 말로 하지 않더라도 자기 목소리는 지켜야 한다. 자기 목소리를 지키지 않으면 그 목소리는 점점 작아지고, 나중에는 아예 들리지 않게 된다. 그러다 보면 남이 한 이야기를 반복하는 녹음기 같은 존재가 된다. 자기 목소리를 지키려면, 일단 세상의 온갖 말로부터 물러날 필요가 있다. 그리고 자기 목소리에 귀를 기울여야 한다. 그리고 그 목소리를 지면에 새겨 둔다. 이런 식으로 나는 내 목소리를 지킨다. 이래서 글쓰기는 내게 더없이 소중하다.

좋은 인생은 자기 목소리를 살아내는 인생이 아니겠는가? 세상의 요구에 맞춰 정신없이 살다 보면 자기 목소리를 잃어버리게 된다. 세상의 압력에 굴복해 자기 목소리를 잃어버린 아기 코끼리처럼 된다. 글쓰기는 노트에 자기 목소리를 새기면서 마음속에도 새기게 해준다. 자기 목소리를 자꾸 적다 보면 점점 자기 목소리가 분명해진다. 이렇게 글 쓰는 사람은 내면이 단단한 사람이 되어간다. 이렇게 글 쓰는 사람들은 자기 목소리로 사는 사람이 되어간다.

# 글을 쓰면서 생각하면
# 좀 더 분명하게 생각할 수 있다

●

"글을 쓰지 않고 생각한다면, 당신은 생각한다고 생각할 뿐이다."

레슬리 램포트

●

"그것에 대해 써 보기 전에는, 내가 그것에 대해 어떤 생각을 하고 있는지 알지 못한다."

윌리엄 포크너

●

"나는 내가 무슨 생각을 하고 있는지 알아내기 위해 글을 쓴다."

조앤 디디온

많은 사람들은 글을 쓰는 것을 단순히 생각을 표현하는

행위라고 여긴다. 하지만 실제로 글쓰기는 표현을 넘어서, 사고 그 자체를 정리하고 발전시키는 강력한 도구다. 우리가 글을 쓰는 순간, 생각은 더 명료해지고 깊어지며, 때로는 새로운 아이디어가 떠오르기도 한다. 그렇다면 왜 글을 쓰면 생각이 더 잘 정리될까?

글을 쓰면 흐릿하고 막연했던 생각들이 언어라는 구체적인 틀 속으로 들어오게 된다. 머릿속 생각은 종종 일정한 흐름 없이 이리저리 서로 엉켜 있는 경우가 많다. 하지만 글로 표현하려면 단어를 고르고, 문장을 만들고, 논리적 흐름을 따져야 하기 때문에 자연스럽게 생각이 명확한 구조를 갖게 된다. 글쓰기는 추상적인 사고를 시각화하고, 그것을 독자적인 논리로 엮어내는 과정이다. 생각이 언어의 틀을 갖추는 순간, 우리는 비로소 그 생각을 객관적으로 바라볼 수 있게 된다.

글쓰기는 우리의 사고를 '의식의 무대'로 끌어 올린다. 일상적인 대화나 말은 즉흥적이고 감정적일 수 있지만, 글쓰기는 다르다. 글을 쓰려면 한 문장 한 문장을 곱씹으며, 문맥에 맞는 표현을 찾아야 한다. 이 과정에서 우리는 감정의 충동에서 벗어나 보다 의도적이고 의식적인 사고를 하게 된다. 글쓰기는 생각의 속도를 늦추고, 더 깊고 천천히 사유할 기회를 제공하는 것이다.

글쓰기는 기억과 사고를 연결한다. 글을 쓰는 도중에 우리는 종종 과거의 경험, 책에서 읽은 내용, 타인의 말을 떠올리게 된다. 이는 단순히 표현하는 작업이 아니라 기억 속 지식과 지금의 생각을 통합하는 과정이기도 하다. 그래서 글을 쓰다 보면 처음에는 없던 아이디어가 떠오르거나, 기존에 몰랐던 연결점을 발견하는 경우도 많다. 글쓰기는 기억의 저편에 있던 조각들을 끌어내 사고의 맥락에 연결시키는 역할을 한다.

글을 쓰면 논리의 결함이나 생각의 허점을 발견할 수 있다. 머릿속에서는 말이 되는 것 같던 주장도, 막상 글로 적어 보면 비약이나 모순이 보이기 마련이다. 글은 자신에게 질문을 던지는 일이다. 이 문장이 맞는가? 이 주장은 충분히 뒷받침되고 있는가? 독자는 이 문장을 어떻게 이해할까? 이렇게 스스로에게 되묻는 과정 속에서 우리는 자신의 생각을 더욱 정교하게 다듬을 수 있다.

글은 생각을 쌓아 올릴 수 있게 한다. 말은 순간적으로 흘러가고 사라지지만, 글은 기록되어 눈앞에 남는다. 우리는 앞 문장을 다시 읽고, 거기에 덧붙이거나 고치며 다음 문장을 쓸 수 있다. 이렇게 생각이 축적되고 구조화되면서, 점점 더 복잡하고 깊이 있는 사고가 가능해진다. 글을 쓰는 사람은 말하자면 생각의 건축가와 같다. 하나의 문장 위에 또 하나의 문장을 쌓아 올리며 의미의 구조물을 짓는 것이다.

글을 쓰는 행위는 감정의 정리이기도 하다. 혼란스럽고 복잡한 감정을 글로 적어 보면 그 감정의 정체가 무엇인지 분명해지고, 감정과 생각이 분리되기 시작한다. 그래서 많은 심리학자들은 글쓰기를 감정 조절의 한 방법으로 권장한다. 감정이 정리되면 사고 또한 훨씬 선명해진다.

결론적으로, 글쓰기는 단순한 표현활동이 아니다. 그것은 생각을 구조화하고, 감정을 정리하며, 논리적 사고를 훈련시키는 강력한 도구이다. "글을 쓴다는 것은 생각을 보이게 하고, 다듬게 하며, 깊게 만드는 일"이라는 말은 결코 과장이 아니다. 그러니 생각을 더 잘하고 싶다면, 일단 펜을 들어야 한다. 생각은 머릿속에만 있을 때보다, 종이 위에서 훨씬 더 잘 자란다.

# 글쓰기가 선사하는 자율성과 참여,
# 그리고 건강한 삶

●

"자율성과 사회 참여는 건강에 매우 중요하여, 이들이 결여되면 건강이 악화된다."

마이클 마멋, 『사회적 지위가 건강과 수명을 결정한다』

●

"사회적 참여에서 배제되고 자신의 삶에 대한 통제력을 상실할 때, 우리의 신체는 스트레스 호르몬 분비 증가와 면역체계 약화라는 생물학적 반응을 보인다."

리처드 윌킨슨, 『건강 불평등의 사회적 결정요인』

●

"사회적 연결망에서 단절된 개인들은 그렇지 않은 사람들에 비해 사망률이 2-3배 높으며, 이는 흡연이나 비만보다도 건강에 더 해로운 영향을 미친다."

로버트 퍼트넘, 『나 홀로 볼링』

●

"자신의 환경을 이해하고 통제할 수 있다는 감각, 그리고 의미 있는 사회적 역할에 참여한다는 느낌이 없으면 인간의 생리적 항상성이 무너진다."

아론 안토노프스키, 『건강생성론』

---

 오래 건강하게 사는 사람과 그렇지 못한 사람의 가장 큰 차이는 무엇일까? 많은 사람들이 식습관이나 운동 여부를 떠올리겠지만, 보다 근본적인 차이는 삶을 대하는 태도에서 비롯된다고 한다. 장수하는 사람들은 대체로 세상을 흥미롭고 즐거운 대상으로 바라본다. 그들은 일상에서 기쁨을 찾고, 세상사에 대한 관심과 열정을 지니고 있다. 반면, 일찍 노쇠하거나 병에 시달리는 사람들은 종종 무기력하고, 삶을 수동적으로 견뎌내는 경향이 있다. 이처럼 삶에 대한 태도는 단순한 기분의 차이를 넘어, 건강과 수명에 지대한 영향을 미친다고 한다.

 건강하고 활기차게 사는 사람들은 능동적이다. 그들은 자신의 삶을 주체적으로 살아가며, 삶 속에서 의미를 찾으려 한다. 이런 삶을 사는 사람들의 뇌는 생기가 있다. 반면, 의욕이 없고 감동도 적은 삶을 사는 사람의 뇌는 활력이 떨어진다. 뇌가 활발히 움직이지 않으면 호르몬 분비가 감소하고, 이는 곧 신체 기능의 저하로 이어진다. 즉, 장수와 활력의 열쇠는 뇌의 활성화와 밀접한 관련이 있다는 말이다. 생각하고, 움직이고, 열정적으로 살아가는 사람들의 뇌는 끊임없이 자극받으며 건강을 유지하게 되는 것이다.

이와 관련해 매우 흥미로운 연구 결과가 있다. 세계적인 역학자 마이클 마멋의 책 『사회적 지위가 건강과 수명을 결정한다』는 충격적인 사실을 제시한다. 마멋은 전 세계를 무대로 수많은 데이터를 분석한 결과, 사람의 건강과 행복, 수명을 결정하는 가장 큰 요소는 바로 사회적 지위라고 주장한다. 학력이 높을수록, 직업이 좋을수록, 수입이 많을수록, 더 좋은 집에 살수록, 사람들은 더 오래, 더 건강하게, 더 행복하게 살아간다는 것이다.

하지만 여기서 주목할 점은 단순히 '지위의 높낮이'가 아니라, 그 지위가 가져오는 두 가지 요소다. 바로 자율성과 사회적 참여이다. 마멋은 이 두 요소가 건강과 수명의 핵심 요인임을 강조한다. 다시 말해, 자신의 삶을 얼마나 스스로 통제할 수 있는가, 그리고 사회와 얼마나 깊게 연결되어 있는가가 건강과 행복을 좌우한다는 것이다.

이러한 주장은 뇌과학적으로도 충분한 설득력을 지닌다. 자율성과 사회 참여가 높은 사람은 일상생활에 대해 더 많은 흥미와 관심을 가지며, 그런 사람의 뇌는 그 자극을 통해 더욱 활발히 작동한다. 이는 다시 긍정적인 생리적 반응을 유도하고, 결과적으로 건강한 삶과 장수로 이어질 수 있다.

그렇다면 사회적 지위가 낮은 사람은 어떻게 해야 할까? 마멋의 논의에 따르면 건강과 행복을 결정짓는 건 결국 자율성과 참여다. 다행히도 이 두 가지를 동시에 충족할 수 있는 매우 강력한 방법이 있다. 바로 글쓰기다.

글쓰기는 전적으로 개인의 통제 아래에서 이루어지는 활동이다. 누구의 지시도, 외부의 간섭도 필요 없다. 언제 어디서든, 자신이 원할 때 주제를 선택하고, 문장을 구성하며, 의미를 만들어 낼 수 있다. 이 과정 자체가 강력한 자율성을 실현하는 일이다. 또한 글을 인터넷이나 블로그, SNS에 게시함으로써 우리는 자신의 이야기를 세상과 공유하게 된다. 이는 곧 사회적 참여의 실현이다. 공감과 반응을 불러일으킬 수 있다면, 글은 그 자체로 큰 영향력을 가지며 사회적 파장을 일으킬 수도 있다.

나는 글쓰기를 좋아한다. 내가 살아 있음을 느낄 수 있는 가장 확실한 방법이기 때문이다. 또한 직장생활에서는 얻기 힘든 자율성과 참여의 경험을 누릴 수 있기 때문이기도 하다. 글을 쓸 때, 나는 세상과 연결되고, 동시에 소소하게나마 세상에 영향력을 발휘할 수 있게 된다.

연필을 잡고 글을 쓰는 일은 단순히 글을 쓰는 일에 그치는 게 아닐 수 있다. 글쓰기는 쓰는 이의 마음을 일깨우고, 더 나아가 읽는 사람의 마음도 일깨울 수 있다. 아울러 글쓰기는 쓰는 사람의 신체적 정서적 건강에도 좋은 영향을 미칠 수 있다. 이 정도면 글을 써야 하는 이유가 하나 더 생긴 게 아닐까?

CHAPTER 2

글을 쓰는 자세

# 시시한 글부터 써라

•

"어떤 일을 마무리했다고 그것이 곧 걸작이 되는 건 아니다. 나는 책을 100권 이상 만들어냈다. 물론 모든 책이 잘나가지는 않았다. 하지만 그 책들을 쓰지 않았다면 나는 이 책 『린치핀』을 쓸 기회를 갖지 못했을 것이다. 피카소는 천 점 이상의 그림을 그렸다. 그렇기 때문에 사람들은 피카소의 그림을 세 개 이상 알고 있다."

세스 고딘, 『린치핀』

로버타 진 브라이언트는 『누구나 글을 잘 쓸 수 있다』에서 빙산에 빗대어 글쓰기가 성숙하는 과정을 설명했다. 요지는 '아무리 글을 잘 쓰는 사람이라도 매번 좋은 글을 쓸 수는 없다.'는 것이다. 쓰다 보면 괜찮은 글을 쓰게 되기도 하고, 별 볼 일 없는 글을 쓰게 되기도 한다는 말이다. 괜찮은 글이 수면 위로 보이는 부분이라면, 별 볼 일 없는 글은 수면 아래에 보이지 않는 부분이다. 우뚝 솟은 부분은 빛을 보지만, 수면 아래에 잠긴 부분은 보이지 않게 빙산을 떠받친다.

로버타 진 브라이언트는 수면 위에 드러나 보이는 부분과 수면 아래에 드러나지 않는 부분의 비율을 1:9로 보았다. 그러니까 열 편을 쓰면 그중 하나는 괜찮은 글이고, 나머지 아홉은 별 볼 일 없는 글이라는 말이다. 그럼, 괜찮은 하나만 가치 있고, 별 볼 일 없는 아홉은 가치 없는가? 그렇지 않다. 별 볼 일 없는 아홉이 없으면, 괜찮은 하나도 불가능하기 때문이다. 별 볼 일 없는 글을 9개나 썼기 때문에 괜찮은 글 하나를 쓸 수 있었던 것이다. 도공들이 수많은 도자기를 굽지만, 그중 몇 개만 건지는 이치와 같다.

피터 엘보는 『힘 있는 글쓰기』에서 "글을 잘 쓰려면 먼저 나쁘게 쓸 줄 알아야 한다."고 했다. 줄리아 카메론은 "진정한 아티스트가 되기 위해서는, 먼저 어설픈 아티스트가 되어야 한다."고 했다.

작곡가 요하네스 브람스는 "얼마나 많이 버렸는지 보는 것으로 그 예술가의 수준을 가늠할 수 있다."고 했다. 모차

르트가 명곡만 작곡한 게 아니다. 피카소도 명작만 그린 건 아니다. 그들은 수많은 졸작도 함께 만들었다. 무라카미 하루키는 소설가로 유명하지만, 사실 그는 여행기, 논픽션, 올림픽 관전기까지 닥치는 대로 쓴다. 일설에 의하면 그의 이름을 달고 나오는 책이 넉 달에 1권꼴인데, 하루키 본인의 고백에 따르면 발표되지 않고 상자에 쌓이는 원고가 더 많다고 한다. 자연조차도 많은 것을 버린다. 민들레는 수많은 홀씨를 날리지만, 그 중 겨우 몇 개만 겨우 뿌리를 내리고, 싹을 틔운다. 개구리 한 마리는 수백만 개의 알을 낳지만, 대부분은 다른 수중 동물들의 먹이가 되고, 몇십 개만 올챙이가 된다. 올챙이 중 겨우 몇 마리만 개구리로 자란다.

●

"글을 쓰기 시작했다면, 앞으로 5년 동안은 쓰레기 같은 글만 쓸 수도 있다는 사실을 받아들여야 한다. 그럼에도 불구하고 글을 쓰고 싶다면? 그럼 그냥 써 내려가는 방법밖에 없다."

『뼛속까지 내려가서 써라』의 저자 나탈리 골드버그의 말이다.

---

흔히 훌륭한 작가들은 훌륭한 글만 쓴다고 생각하기 쉽다. 하지만 그들도 수많은 졸작을 썼다. 그들이 쓴 글이 진

즉에 쓰레기통에 들어간 까닭에 소문이 나지 않았을 뿐이다. 그러니 글쓰기를 처음 시작하는 사람은 마음 편하게 졸문부터 쓰면 된다. 아무리 머리를 쥐어짜 봐야 어차피 처음에는 시시한 글밖에 못 쓴다. 다만, 별 볼 일 없는 글을 쓰고도 좌절하지 말아야 한다. 당신이 쓴 글은 가치 있는 졸문이기 때문이다. 수많은 글을 쓰는 와중에 당신의 글쓰기 능력이 향상된다.

 모든 연습은 결국 '미스'를 줄여 나가는 과정이 아니겠는가? 글쓰기 연습도 마찬가지다. '미스'가 자꾸 나온다고 테니스 연습을 그만두면 안 되는 것처럼 흉한 글이 자꾸 나온다고 글쓰기 연습을 멈추면 안 된다. '미스'가 없으면 '나이스'도 없다. 양궁선수가 '퍼펙트 골드'를 쏘기 전에 얼마나 많은 화살이 과녁을 빗나가겠는가? 로켓은 목표물에 도달하기 전에 얼마나 자주 궤도를 이탈하는가? 일상적인 글쓰기는 무작정 갱을 파 들어가는 일과 흡사하다. 대개는 꽝을 치고, 쓸모없는 광물을 캐지만, 간혹 석탄을 캐기도 하고, 아주 드물게는 다이아를 캐기도 한다. 그러니 일단 쓰레기부터 쓰고 보자.

# 어깨 힘을 빼라

●

한번은 글쓰기에 별 뜻이 없는데 내 강좌에 참여하게 된 직장 여성이 있었다. 배우자를 독려하는 차원에서 함께 온 것이다. 그런데 그녀의 글이 예상외로 좋았다. 배우자는 물론 글을 오래 써 온 다른 참석자들보다도 나을 때가 있었다. 글쓰기에 뜻을 두고 쭉 관심을 가져 온 사람은 '글을 잘 써야 한다'는 강박감에서 자유롭지 못하다. 반면에 그녀는 글쓰기에 대해 아는 것도 없고, 잘 써야 한다는 생각도 없어 그저 주제에 맞춰 써 내려간 것이 주효한 것이다. 나는 이때 마음을 내려놓고 쓴다는 것이 얼마나 중요한지를 '진짜로' 배웠다.

한명석, 『나는 쓰는 대로 이루어진다』

피츠버그 파이어리츠는 1971년 월드시리즈에서 우승했다. 그때 우승을 이끈 투수가 스티브 블래스(Steve Blass)이다. 스티브 블래스는 반짝 잘한 투수가 아니었다. 1968년부터 5년 연속 10승 이상을 거두었고, 1972년에는 무려 19승이나 거두었다. 그랬던 그가 1973년이 되자, 갑자기 스트라이크조차 던지기 어려워하는 투수가 되었다. 스티브 블래스는 1973년에 88이닝을 던지면서, 무려 84개의 볼넷을 허용했다. 1974년에도 상황이 나아지지 않았다. 겨우 5이닝을 던지면서 볼넷을 7개나 허용했다. 그는 결국 방출되었고, 은퇴수순을 밟았다. 스티븐 블래스의 사례는 스티브 블래스 증후군(Steve Blass Syndrom)이라는 용어를 낳았는데, 잘하던 운동선수가 심리적인 부담을 이기지 못하고, 갑자기 제 기량을 발휘하지 못할 때 사용된다.

비슷한 사례가 또 있다. 릭 엔키엘(Richard Alexander Ankiel)은 1999년 세인트루이스 카디널스에 입단했다. 좌완 강속구 투수인 그는 입단 이듬해인 2000년, 20살이라는 어린 나이로 11승 7패, 방어율 3.50을 기록한다. 그해 신인상 투표에서도 라파엘 퍼칼(Rafael Antoni Furcal)에 이어 2위에 오른다. 이때만 해도 시속 150$km$ 중반을 기록하는 좌완 투수의 앞날은 의심하는 사람은 없었다. 그런데 그해 포스트시즌에서 믿을 수 없는 일이 일어났다. 당시 세인트루이스의 감독, 토니 라루사(Tony La Russa)는 애틀랜타와 디비전시리즈 1차전 선발 투수로 릭 엔키엘을 내세웠는데, 릭 엔키엘은 한 이닝 5개의 폭투를 기록하며 강판되었다. 그 후 메츠와의 챔피언시리즈에도 등판했지만, 1⅓이닝 동안 5볼넷 4폭투를 기록하며 마운드를 내려온다. 릭 엔키엘은 그 후 한 번도 자기 기량을 회복하지 못했다.

'입스(Yips)'는 원래 골프에서 유래된 용어인데, 지금은 스포츠 일반에 사용된다. 골프경기 중 스윙 전 샷 실패에 대한 두려움, 주위 시선에 대한 지나친 의식 등이 원인이 되어 손목 근육에 경련이 일어나고, 땀이 나는 등의 신체적 문제가 일어나는 경우가 있는데, 이를 '입스'라고 한다. 뇌 속에는 무의식과 의식을 담당하는 편도와 해마라는 것이 있는데, 편도가 과잉 활성화되고 해마가 억압될 경우 '입스'가 발생한다. 미국 최고의 병원 중 하나인 미국 메이요 클리닉에 의하면, 전 세계 골퍼의 25% 이상이 '입스'를 경험한다.

인간의 뇌는 3층 구조로 이루어져 있다. 1층은 가장 아래에 있는 뇌로 후뇌라고 불린다. 호흡, 심장 박동, 혈압 조절 등과 같은 생명 유지에 필요한 기능을 담당한다. '파충류 뇌'라고 불리기도 한다. 2층은 중뇌로 포유류의 뇌다. 후뇌와 전뇌 사이에서 정보를 전달하는 역할을 하고, 감정

기능을 담당한다. 가령, 개가 주인을 보고 꼬리를 흔들며 친근감을 표현하는 건 중뇌의 기능에서 비롯된다. 3층에는 전뇌가 있다. 가장 최근에 진화한 뇌로 고도의 정신기능, 창조기능을 관할한다. 인간만이 가진 뇌로, '인간의 뇌', '이성의 뇌'라고 불리기도 한다. 그런데 긴장을 하면 감정을 담당하는 뇌인 중뇌에 문제가 생긴다. 뇌는 상황을 위급하게 받아들이고, 생존모드로 진입한다. 중뇌에 문제가 생기면 전뇌도 제대로 움직이지 않는다. 생존모드에서는 파충류의 뇌와 포유류의 뇌밖에 작동되지 않는다. 이성의 뇌는 제대로 작동되지 않는다.

지나치게 긴장하면 몸과 마음이 제대로 작동되지 않는다. 이는 글쓰기에 악영향을 준다. 지나치게 긴장하면 글이 제대로 풀리지 않는다. 좋은 글은 어느 정도 무의식의 도움을 받아야 하는데, 지나치게 긴장하면 무의식이 작동되지 않기 때문이다. 적당히 이완된 상태에서 글을 써야 무의식의 문이 열리고, 무의식의 도움을 받을 수 있다.

말보다 글이 좋은 점 중 하나는 말은 한 번 뱉어 놓으면 주워 담을 수 없는 반면, 글은 세상에 내놓기 전에 수없이 고칠 수 있다는 점이다. 일필휘지로 초고부터 그럴듯한 글을 쓰는 작가는 드물다. 헤밍웨이조차 "초고는 쓰레기!"라고 말했다. 쓰레기 같은 초고를 쓰고는 수없이 고칠 수 있는 게 글이다. 초고부터 좋은 글을 쓰려고 긴장할 필요 없다. 글쓰기는 대리석을 조각하는 일이 아니라, 지점토를 다루는 작업에 가깝다. 대리석은 한번 잘못 파 버리면, 복구가 어렵지만, 지점토는 언제든 다른 모양으로 고쳐 만들 수 있다. 그러니 긴장할 필요 없다. 어깨 힘을 빼라.

# 남의
# 눈치 보지 마라

•

"글을 잘 쓰기 위한 조건 가운데 가장 핵심적인 것은 좌절하지 않는 내공이다. 무엇보다 읽는 사람의 평가에 부끄러워하거나 일희일비해선 안 된다. 읽을 사람을 의식하되 극복해야 한다. 그들에게 구걸하지도 주눅 들지도 말아야 한다. 당당하게 중심을 잡고 독자와 마주해야 한다. 좋지 않은 평도 경청은 하되 의기소침하지 말아야 한다. 지적하는 소리에 움츠러들면 안 된다. 그럴수록 더 보여주고 의견을 구해야 한다. '나는 이렇게 생각한다는데 왜들 난리냐?'고 되묻는 배짱이 있어야 한다."

강원국, 『회장님의 글쓰기』

심리학자 수잔 제퍼스(Susan Jeffers)가 1987년에 출간한 『도전하라 한 번도 실패하지 않은 것처럼』은 전 세계적으로 900만 부가량 판매되었지만, 출간하기 전에 수많은 거절 통보를 받았다. "다이애나 왕세자비가 알몸으로 자전거를 타고 가면서, 길에서 이 책을 뿌려도 거들떠볼 사람 하나 없을 것이다."라는 혹평도 들어야 했다. 조앤 롤링(Joanne K. Rowling)은 『해리포터』 원고를 출판사 12곳에 투고했지만 모두 거절당했다. 우여곡절 끝에 겨우 2천 7백 달러에 계약할 수 있었다. 그렇게 『해리포터』 초판 500부가 세상의 빛을 보았다. 1억 부 이상 팔린 『영혼을 위한 닭고기 수프』도 무수히 거절당한 것으로 알려져 있다.

소설 『종의 기원』, 『7년의 밤』을 쓴 정유정 작가는 등단을 위한 문학상에 열한 번 실패했다. 어떤 문학상 본선에서 "이 작자는 기지도 못하면서 날려 든다."는 심사평을 들어야 했다. 작가는 그 길로 한 달을 앓아누웠다. '이 작가'도 아닌 '이 작자'를 말을 들었으니 그럴 만도 했다. 그러던 어느 날 그녀의 글을 혹평한 심사위원이 쓴 책을 모두 읽어 보기로 작정했다. 모두 읽어 보고 그 심사위원보다 잘 쓸 자신이 없으면 글 쓰는 걸 깨끗이 포기하기로 마음먹었다고 한다. 그런데 읽어 보니 그 사람보다 잘 쓸 수 있겠더라다. 그렇게 마음을 다잡고 글을 계속 썼고, 작가의 대열에 합류할 수 있었다.

좋은 원고도, 훌륭한 작가도 비난을 들어야 했다. 세상 사람들의 관점은 다양하다. 수많은 관점을 모두 만족시키는 작가도 없고, 그런 글도 없다. 어차피 누군가는 내 글을 마음에 들어 하지 않는다. 그러니 남의 비난을 들어도 이상하게 생각하지 말아야 한다. 글쓰기는 결국 자기 생각을 드러내는 일이다. 다른 사람들의 의견을 참고할 수는 있지만, 눈치를 봐서는 곤란하다.

"세상에 태어나 어떤 비난도 받지 않은 사람은 단 한 사람도 없다. 대중은 침묵하는 사람을 비난하고, 떠드는 사람을 비난하고, 중도를 걷는 사람을 비난한다. 그렇다고 해서 평생 비난만 받는 사람도 없고, 평생 찬사만 받는 사람도 없다." 부처의 말이다.

세상 사람들이 할 말이 없었던 적은 없었고, 앞으로도 없을 것이다. 사람들은 말 없는 사람을 비난하고, 말 많은 사람을 비난하고, 이도 저도 아닌 사람들을 비난한다. 사람들 앞에 나서는 일에는 늘 비난이 따르게 마련이다. 비난받는 게 두려우면 남들 앞에 나설 수 없다. 글이랍시고 한 줄 써서 내놓아도, 세상은 이러쿵저러쿵 말이 많을 것이다. 비난에 풀이 죽는 일도 섣부른 칭찬에 정신 줄을 놓는 일도 부질없다. 똑똑하든 그렇지 않든 각자는 그저 불완전한 자기 관점의 주인일 뿐이다.

글쓰기 능력을 향상시키는 유일한 방법은 꾸준히 쓰는 것이다. 글쓰기 초심자가 사람들의 반응에 일희일비해서는 꾸준히 쓸 수 없다. 사람은 저마다 자기 관점을 갖는데, 개인의 관점은 궁극적으로는 주관적이다. 그러니 일단 다른 사람들의 의견 따위는 접어 둘 필요가 있다. 귀를 즐겁게 하는 말도, 귀에 거슬리는 말도 일단은 접어 두고, 꾸준히 쓰자.

# 남의 글과
# 비교하지 마라

●

"세상에 나이아가라 폭포가 수백 개, 에베레스트 산이 수백 개 있다고 생각해봐라. 그것들이 더 이상 매력이 있겠느냐? 나의 창조물을 자세히 보아라. 어떤 눈송이도 똑같이 생긴 것이 없다. 나뭇잎이나 모래알도 두 개가 결코 똑같지 않다. 내가 창조한 모든 것은 하나의 '원본'이다. 따라서 각자 어떤 것과도 대치될 수 없다. (…) 나는 네가 너로서 존재하고 나의 고유한 미니멜이기를 원한다. 태초부터 내가 사랑한 것은 남과 다른 너였기 때문이다. 너는 내가 오랜 세월 꿈꿔온 유일한 미니멜이다. 따라서 어느 날 네가 존재하지 않는다면 나는 더할 수 없이 슬플 것이다. 영원히 눈물이 그치지 않을 것이다."

닐 기유메트, 『내 발의 등불』

닐 기유메트 신부가 지은 『내 발의 등불』이라는 책이 있다. 그가 지은 이야기를 모은 책인데, 이 책에는 「천사 미니멜」이라는 짧은 이야기가 나온다. "마지막 천사가 창조되었을 때 그에게 '미니멜'이라는 이름이 붙여졌다. 모든 천사들 가운데 가장 완벽하지 못했기 때문이다."라는 구절로 이 이야기는 시작된다. '미니멜'이라는 이름 앞에 붙은 '미니'는 '작다'는 뜻이다. '미니멜'은 작고, 보잘것없는 막내 천사였다. 미니멜은 절망했다. 미니멜은 죽기로 결심하지만, 천사는 불멸이라, 죽을 수도 없었다. 하는 수 없이, 미니멜은 자기를 만든 신을 찾았다. 자기를 없애 달라고 부탁했다. 신은 미니멜을 달랬다. 신에게는 모든 창조물이 하나의 원본이었다. 신은 있는 그대로 고유한 미니멜을 사랑했다. 신은 남과 다른 미니멜을 사랑했다.

소설가 C.S. 루이스는 "악마가 인간을 파괴하기 위해 사용하는 가장 강력한 무기는 비교의식이다."라고 했다. 마가렛 미첼이 무명작가일 때 일이다. 그녀는 소설을 쓰고 있었는데, '스티븐 베네'라는 작가가 자신이 쓴 소설을 마가렛 미첼에게 보내왔다. 『존 브라운의 시신』이라는 소설이었다. 마거릿 미첼은 그 작품의 작품성과 완성도에 감탄했다. 너무 감탄한 나머지 자신이 쓰고 있는 소설은 너무나 하찮게 느껴졌다. 열등감에 빠진 마가렛 미첼은 한동안 글을 쓰지 못했다. 그의 원고에 비하면 자신의 소설은 쓰레기처럼 느꺼졌기 때문이다. 옷장 안에 처박아 두었던 원고를 다시 꺼낸 건 반년이 지난 후였다. 1936년에 마침내 원고를 완성했는데, 그 소설이 바로 『바람과 함께 사라지다』이다. 1,000페이지가 넘는 이 소설은 완성하는 데 만 10여 년이 걸렸고, 출간된 지 6개월 만에 100만 부가 팔렸다. 마가렛 미첼은 이 소설로 퓰리처상을 받았다.

●

"대문호의 글, 나 같은 저술가의 글 따위와 자신의 소중한 기록을 같은 반열에 놓고 비교하지 마라. 누가 뭐라 해도 자기 자신이 썼기에, 누가 뭐라 해도 내 인생의 기록이기에 소중하고 아름다운 글이다. 그렇게 애정 어린 마음으로 꾸준히 써 보라. 수백, 수천 장의 원고지를 채워 보라. 모든 일이 그렇듯 글쓰기도 반복하다 보면 어느 순간 문리를 터득한다."

---

자기계발서를 비롯해 100권 넘는 저서를 집필한 공병호 씨의 말이다. 그도 다른 사람의 글과 자기 글을 비교하지 말 것을, 그저 자기 글이기에 소중하게 여길 것을 권했다.

난 가난한 시골 부부의 막내아들로 태어났다. 어린 시절 사내놈치고는 얼굴이 유난히 희고, 수줍음이 많았다. 집에 손님이 오면 난 주로 뒤뜰에 숨었다. 몸도 약했다. 한 동네에서 나고 자란 친구들이 모두 나보다 1살 많았던 까닭에, 8살인 친구들이 초등학교에 입학할 때, 아직 7살이었던 나도 함께 입학했다. 학업성적이 신통치 않았다. 초등학교 1학년 성적표에는 "정직하고, 온순하나, 산만하고, 학습에 의욕이 없다."고 적혀 있다. 특별히 똘똘한 데도 없고, 몸까지 약한 막내아들이었지만, 어머니는 나를 끔찍하게 아꼈다. 이유가 있을 수 없었다. '내 새끼'니까 사랑했다. 못난 놈 조금씩 커 가는 걸 보는 보람으로 나를 키웠다.

우리가 쓰는 글은 우리 안에서 나왔다는 점에서 자식과 비슷하다. 부모가 자식을 이유 없이 아끼고, 사랑하듯, 글쓰기 초심자도 자신이 쓴 글을 이유 없이 아끼고, 사랑할 필요가 있다. 아이가 그렇듯 글도 빨리 자라지 않는다. 싹이 트고, 줄기가 올라가고, 잎이 돋고, 꽃이 피어야 열매가 맺힌다. 글쓰기에 관하여 우리가 할 수 있는 유일한 일은 자식을 아끼는 마음으로 그걸 조금씩 키워 가는 일뿐이다.

이미 오래전에 씨앗을 뿌려서 아름드리나무로 키운 사람들의 글과 꼴 같지 않은 내 글을 비교해서는 글을 쓸 수 없다. 남들이 쓴 잘 난 글과 내 글을 비교해서는 안 된다.

남의 자식은 남이 자식이고, 내 자식은 내 자식이다. 글쓰기 초심자는 그냥 내 자식 키우는 보람으로 글을 쓰면 된다. 잘 쓰고, 못 쓰고 따위는 잊고, 꾸준히 쓰다 보면 어느 순간 '이 녀석이 이렇게 컸네!' 하는 순간이 온다. 아끼고 사랑하는 마음으로 충분히 오래 키우기만 하면, 글은 반드시 나아진다. 남들이 쓴 좋은 글을 '참고'는 하되, 비교하지는 말자.

# 글쓰기를
# 즐겨라

•

"글쓰기가 생계의 수단이 되지 않을 때, 글쓰기 자체의 즐거움을 위해 글을 쓸 때, 다른 누군가를 위해 글을 쓴다는 의식이 없을 때, 비로소 그 시대가 가장 필요로 하는 글이 자연스럽게 나오게 됩니다."

가오싱젠, 『창작에 대하여』

어느 마을에 세 손님이 한 집을 찾아왔다. 한 손님은 스스로를 '재산'이라 소개했고, 또 다른 이는 '명예'라 했으며, 마지막 손님은 자신을 '기쁨'이라 했다. 집주인 여인은 세 손님을 모두 환대하고 싶었지만, 그들은 한 사람만 들일 수 있다고 했다. 남편은 재산을 모셔야 한다고 주장했다. 돈이 있으면 걱정이 줄어들 것이라 믿었기 때문이다. 시어머니는 명예를 선택해야 한다고 했다. 남들이 존경하는 삶이 더 값지다고 여겼다. 그러나 어린 아들은 고개를 저으며 말했다. "엄마, 우리 집엔 웃음이 필요해요. 기쁨을 모셔 와요." 결국 여인은 아들의 말을 따랐다. '기쁨'을 문 안으로 들이는 순간, 이상한 일이 벌어졌다. '재산'과 '명예'도 함께 따라 들어온 것이다. 놀란 여인이 이유를 묻자, 두 손님이 웃으며 대답했다. "기쁨이 있는 곳엔 우리도 머물 수밖에 없답니다."

영화촬영감독 고(故) 정일성 씨는 1977년 겨울에 〈을화〉를 찍다가 교통사고를 당했다. 그래도 겉은 멀쩡해서 그대로 촬영장으로 향했다. 카메라가 바닷물 속에 있으면 더 좋은 영상을 얻을 수 있을 것 같아서, 그 몸으로 물속으로 들어갔다. 장이 꼬였다. 대수술 끝에 겨우 목숨을 건졌다. 그때 장을 절반이나 끊어 냈는데, 후에 직장암으로까지 번졌다. 1980년 〈사람의 아들〉을 찍던 중에 또 쓰러졌다. 가족들은 장례식을 준비했다. 기적적으로 수술에 성공했는데, 병실로 임권택 감독이 찾아와서 〈만다라〉 원작을 건네주며, 회복되면 같이 찍자고 했다. 당장이라도 찍고 싶어 미칠 지경이었는데, 그렇게 할 수 없으니, 수면제를 한 알씩 모았더란다. 영화를 찍지 못할 바에야 죽는 게 낫겠다 싶었다. 어느 날 임권택 감독이 또 찾아왔다. 배에 붕대를 감고 그 길로 임 감독을 따라나섰다.

빌 게이츠는 컴퓨터에 미쳐 있었다. 사춘기 시절부터 빌 게이츠에게 남는 시간이라곤 없었다. 컴퓨터 앞에 앉았다 하면 10시간은 기본이었고, 식사도 겨우 햄버거 하나로 때우는 식이었다. 졸려서 도저히 견딜 수 없을 지경이 되어야 컴퓨터 앞에서 엎드려 잠깐 단잠을 자는 정도였다. 그는 프로그램을 만드는 일이 너무 재미있어서 필요한 사람에게는 무료로 프로그램을 만들어 주기도 했다.

정일성 씨가 아흔을 넘긴 나이에도 우리나라 영화산업에서 존재감을 떨칠 수 있었던 이유가 무엇이겠는가? 빌 게이츠가 마이크로 소프트라는 초국적 기업을 일군 거부로 부상할 수 있었던 밑받침이 무엇이었겠는가? 정일성 씨가 영화에 미치지 않았더라면, 빌 게이츠가 컴퓨터에 미쳐 살지 않았더라면 불가능했을 일이다. 글쓰기도 이와 같다. 즐기지 못하는 글쓰기로는 멀리 못 간다. 미치는 정도까지는 아니더라도, 즐기는 정도는 되어야 한다. 그래야 꾸준히 쓸 수 있고, 그 가운데 글이 는다.

남자는 대체로 여자보다 체력이 좋다. 하지만, 백화점에 가면 사정이 달라진다. 남자는 금방 지치고 말지만, 여자는 몇 시간이고 백화점을 활보하고 다닌다. 여자들은 백화점

나들이를 즐기는 반면 남자들은 그렇지 않기 때문이다. 몇 년 전 읽은 다이어트 책에는 '몰 워킹(Mall Walking)'이라는 다이어트법이 소개되어 있었다. 지갑을 가져가지 않고 백화점이나 쇼핑몰을 걸어 다니는 방법이다. 백화점이나 쇼핑몰에는 구미를 당기는 물건이 많으니 지루하지 않게 오래 걸을 수 있다는 원리다. 남자라면 또 모르겠지만, 여자에게는 틀림없이 좋은 다이어트 방법이 될 것이다.

야구장에 가면 남자들이 평소와는 다른 인간이 된다. 야구는 보통 3시간 이상 한다. 연장 승부라도 하는 날에는 5시간 가까이 경기를 할 때도 있다. 남자를 그 좁은 의자에 군소리 없이 3시간 이상 앉혀 둘 방법은 세상에 그리 많지 않다. 그러나 야구장이라면 사정이 달라진다. 야구장에는 남자들이 즐길 수 있는 게 많다. 일단 야구라는 흥미로운 스포츠가 눈앞에 펼쳐진다. 맥주를 한잔하면서, 치킨을 먹을 수도 있다.

이렇듯 같은 활동을 해도 즐기면서 하는 경우와 그렇지 않은 경우의 차이는 크다. 이는 글쓰기에도 적용된다. 억지로 하면 금방 지쳐 버린다. 글쓰기는 단거리 달리기가 아니라, 마라톤에 가깝다. 즐기지 못하면 중도에 포기하게 된다.

"훈련을 끔찍하다고 생각하면 성취감이 적어서 오래가지 못합니다. 큰 성취를 이루려면 즐거워야 해요. 처음 연아를 만났을 때 훈련보다는 연아를 웃기는 데 집중했습니다." 김연아의 안무가 데이비드 윌슨의 말이다.

글쓰기는 주로 독학이다. 좋은 글을 자꾸 읽어 글에 대한 안목을 키우고, 자꾸 글을 써보면서 감을 익혀 가야 한다. 글쓰기 실력은 금방 좋아지지 않는다. 서두르지 말고, 꾸준하게 오래 써야 비로소 글이 좋아진다. 꾸준히 오래 쓰기 위해서는 글쓰기를 즐기는 태도가 필수적이다. 그래야 그 사람이 쓰는 글이 성장한다. 좋아하면 자꾸 하게 되고, 자꾸 하게 되면 잘하게 되기 마련이다. 글을 잘 쓰기 위해서는 무엇보다 많이 써 보는 경험이 필요한데, 즐기지 못하면 꾸준히 쓰기 어렵다. 싫은 걸 참고 쓰는 것도 한두 번이다. 즐기지 못하는 글쓰기로는 멀리 갈 수 없다. 무엇보다 먼저 글쓰기를 즐기자.

# 핑계 대지 마라

●

"학생들이 곧잘 하소연하곤 한다. 직장 때문에, 혹은 학교 공부 때문에, 아니면 가사노동 때문에 도무지 규칙적으로 글을 쓸 시간을 낼 수가 없다는 것이다. 그들은 졸업만 하면, 퇴직만 하면, 자녀가 학교에만 들어가면, 마침내 더 많은 글을 쓸 수 있을 거라고 말한다. 나는 이렇게 답한다. '자기에게 중요한 일을 하기 위해서라면 언제든 시간을 낼 수 있다'고. 열정적으로 말하고 싶은 것만 있다면 아무리 바빠도 글을 쓸 시간은 얼마든 낼 수 있다는 것을 나는 경험으로 알고 있다. 글쓰기의 꿈을 바로 지금, 틈틈이 조금씩이라도 행동에 옮기고 있지 않다면, 그 꿈은 결코 이뤄지지 않을 것이다."

로버타 진 브라이언트, 『누구나 글을 잘 쓸 수 있다』

프랑스 영화 〈잠수종과 나비〉는 패션잡지 『엘르』의 편집장이었던 장 도미니크 보비(Jean-Dominique Bauby)의 실화를 바탕으로 만들어진 영화다. 출세 가도를 달리던 보비는 어느 날 갑자기 뇌졸중으로 쓰러진다. 20일 뒤에 겨우 의식을 회복했지만, 몸이 마비되어 꼼짝도 할 수 없는 신세가 되어 버린다. 의식은 말짱하지만, 몸을 전혀 움직일 수 없어진 그가 유일하게 할 수 있었던 일은 왼쪽 눈을 깜박이는 것이었다.

절망에 빠져 있던 그는 어느 날 희망을 발견한다. 왼쪽 눈을 깜박이는 것만으로 책을 쓸 수 있다는 사실을 알게 된 것이다. 눈을 깜박여 단어를 표현하면 언어치료사가 단어를 적는 방식이었다. 그런 식으로 장 도미니크 보비는 무려 130쪽에 달하는 자서전 『잠수종과 나비』를 완성한다. 1년 3개월에 걸친 힘겨운 작업이었다. 그는 출간을 보지 못하고 죽었지만, 그의 책은 살아 있는 동안 그가 얼마나 쓰기 위해 분투했는지 보여 준다.

「공기, 빛, 시간, 공간」이라는 시를 쓴 찰스 부코스키는 대학을 중퇴하고, 접시닦이, 트럭 운전, 경비원, 승강기 운전원, 사료 공장 직원, 도살장 인부, 집배원 등을 전전했는데, 그러면서도 수천 편의 시와 수백 편의 단편 소설, 6권의 장편 소설을 썼다. 찰스 부코스키는 "하고자 하는 의지가 있는 사람은 어떤 경우에도 창작을 하니, 핑계 따위는 대지 말라."고 한다.

 미국을 대표하는 동화작가 타샤 튜너는 2008년 92세로 타계하기까지 100여 권의 동화를 썼다. 놀라운 건 그녀는 그림을 정식으로 배운 적이 없다는 사실이다. 그녀는 정규교육 이력은 15살에 끝이 났다. 정규교육도 제대로 받은 적이 없다는 말이다. 타샤는 늘 집안일에 시달렸지만, 일에 쫓기면서도 스케치북을 곁에 두고 그림을 그렸다. 아이, 동물, 풍경 등을 재빨리 관찰하고, 그리는 연습을 하루도 빠짐없이 했다. 그렇게 그녀는 세계인들이 사랑하는 동화작가가 되었다.

 소설가 정유정의 이력은 꽤 독특하다. 그녀는 간호대학을 졸업하고, 시간제 간호사로 일했다. 서른여섯에 소설가가 되기로 결심하고, 7년간의 고된 습작기를 거쳤다. 42살, 그녀는 마침내 소설가로 등단한다. 그녀는 지금도 글을 쓰기 위해 매일 새벽 4시에 일어난다고 한다. 아침형 인간과는 거리가 먼 그녀였지만, 새벽에 머리가 잘 돌아간다는 말을 듣고 생활패턴을 바꾸었다. 그녀는 늘 글을 쓴다. 밥하고 글을 쓰고, 청소한 뒤 글을 쓰고, 운동한 뒤 글을 쓴다.

그녀는 글을 쓰겠다는 사람들에게 충고한다. "쓰고 싶다면 끝까지 버텨라! 버티는 사람이 이긴다."

  시간 여유가 있어서, 여건이 되어서 글을 쓴 사람들은 많지 않다. 우리가 작가라고 부르는 사람들 중 많은 사람들은 우리처럼 시간이 부족하고, 여건이 안 좋은 상황에서 글을 썼다. 불안과 부조리를 묘사하는 데 탁월했던 카프카(Franz Kafka)는 평생 공무원으로 살았다. 퇴근 후 그는 지친 몸을 이끌고 글쓰기에 몰입했다. T.S. 엘리엇은 은행원으로 일하면서 밤을 새워가며 시를 썼다. 나다니엘 호손은 세관원으로 일하면서, 윌리엄 포크너는 막노동을 하고 남은 에너지로 글을 썼다. 커트 보네거트는 영어교사, 자동차 영업사원, 소방수로 일하면서 글을 썼다.『멋진 신세계』의 작가 올더스 헉슬리 역시 출판사, 잡지사에서 생계를 위한 온갖 잡다한 글을 쓰며, 퇴근 후에만 자신의 소설을 써 내려갔다. 레이먼드 챈들러도 공무원이었고, 윌리엄 포크너는 우체국장이었다.

  사람들은 시간이 없어서, 돈이 부족해서, 돌보아야 할 가족 때문에, 건강이 좋지 않아서 글을 쓸 수 없다고 말한다. 하지만 글을 쓸 수 없는 이유가 정말 여건이 되지 않기 때문일까? 간절함이 있었던 사람들은 젖먹이를 키우면서도 글을 썼고, 탄광에서 일하면서도 글을 썼다. 심지어 손가락이 없어도 글을 썼다. 글쓰기를 다른 모든 일보다 우선순위에 둔 사람들은 어떻게 해서든 결국 글을 썼다. 그러니 정말 글을 쓰고 싶다면, 핑계 대지 말고 지금 당장 시작하라.

# 구상에 너무 많은
# 시간을 보내지 마라

●

"일단 쏟아내야 합니다. 머릿속에서 완벽하게 만들어서 꺼내놓기보다 우선 꺼내놓고 글을 고치는 것이 천 배 만 배 탁월한 전략이에요. 문장력이나 글솜씨에 대한 걱정은 집어 던지세요. 글의 내용이 중요하지 형식이나 문장력은 그다음이에요."

앤 라모트, 『쓰기의 감각』

『그룹 지니어스』의 저자 키스 소여는 재즈 밴드, 즉흥극 극단, 중소기업, 대기업 등에서 혁신이 어떻게 이루어지는지를 관찰했다. 그에 따르면 계획 단계에서 적은 시간을 소모하고 실천 단계에 더 많은 시간을 쓴 팀이 가장 혁신적인 결과를 만들어 냈다. 사전 계획보다는 상황에 따른 즉흥적인 대응에 초점을 맞춘 팀이 우수했다는 말이다.

음악 비평가 어니스트 뉴먼은 위대한 작곡가는 영감을 받고 나서 작곡을 하는 게 아니라, 작곡을 하다 보면 영감을 받게 되는 거라고 했다. 어쨌든 피아노 앞에 앉아서 이 건반, 저 건반을 두들겨 보는 과정에서 영감이 떠오르고 명곡을 쓰게 된다고 한다. 베토벤, 바그너, 모차르트, 바흐 같은 사람들도 이런 방법으로 작곡을 했다고 한다. 그들은 영감을 기다리느라 시간을 낭비하지 않았으며, 오히려 무작정 곡을 쓰면서 영감을 받았다.

영화 〈조스〉의 음악을 작곡한 것으로 유명한 작곡가 존 윌리엄스도 비슷한 이야기를 했다. 그는 싫든 좋든 일단 날마다 곡을 썼다. 곡이 잘 써지는 날도 있고, 그렇지 않은 날도 있었지만, 어쨌든 곡을 만들어 냈다. 곡이 잘 써지지 않아 벽에 부딪칠 때도 그냥 계속 쓰는 것으로 어려움을 넘어섰다고 한다. 글쓰기에 대해서는 앤 라모트가 한마디 거들었다. 『뉴욕타임스』 베스트셀러 작가이자, 미국인들에게 가장 사랑받는 칼럼니스트이기도 한 앤 라모트는 구상이 완벽할 때까지 기다리지 말고, 일단 종이에 글을 쏟아낼 것을 권했다.

많은 글쓰기 초보자들이 구상이 확실해야만 비로소 책

상에 앉아서 글을 쓸 수 있다고 생각한다. 처음, 중간, 끝이 분명해야 비로소 글을 쓸 수 있다고 생각한다. 물론, 그런 일이 없지는 않다. 하지만 글을 처음 쓰는 사람들에게 그런 일은 자주 일어나지 않는다. 글을 구상하는 능력은 글을 자꾸 쓰면서 길러진다. 글쓰기 초보자가 매번 분명한 계획을 가지고 글을 쓰는 일은 흔하지도 않고, 쉽지도 않다.

처음에는 그냥 무조건 책상에 앉아서 글을 쓰면 된다. 글감이 없으면 일기라도 써라. 쓰기 시작하면 집중이 되고, 손가락을 움직여 쓰다 보면 사고가 유연해진다. 물론 이런 식으로 매번 좋은 글을 쓰기는 어렵겠지만, 어차피 처음에는 좋은 글을 쓸 수 없고 또 쓸 필요도 없다. 글쓰기 초보자에게 필요한 것은 글을 쓰는 경험이지 좋은 글을 쓰는 경험이 아니다.

●

"일단 써라. 글을 쓴다는 물리적 행위 자체가 상상력을 해방시킨다."

『글쓰기 로드맵 101』에서 스티븐 테일러가 한 말이다.

●

"글을 쓰는 행위 그 자체가 정신을 집중시키고 생각을 유연하게 만들며 창조적으로 이끌어 간다. 처음에는 출판할 수도 없는 숱한 소재를

잔뜩 써 내려가게 될 것이다. 하지만 그런 가운데 훌륭한 착상이 샘물 솟듯 솟아오르게 된다. 그러다 진짜와 마주치게 되는 것이다."

『베스트셀러 쓰는 법』에서 딘 R. 쿤츠가 한 말이다.

---

 소설가 최인호는 『유림』을 펴내며 이렇게 말했다. "5분을 견뎌 내면 어느 순간 머릿속에서 글이 쏟아지는 느낌이 든다. 5분쯤 꾸역꾸역 쓰다 보면 그 후에는 알 수 없는 신비한 힘이 나를 이끈다. 단숨에 30매를 쓸 수 있다. 일종의 신내림이랄 수 있다." 최인호뿐 아니라, 수많은 작가들이 하루 중 일정 시간이 되면 책상으로 가서 무작정 뭐든 쓰기 시작한다. 구상이 끝나서 글을 쓰기 시작하는 게 아니라, 쓰다 보니 제법 괜찮은 글도 나왔다는 말이다. 손가락을 움직이기 시작하면 뇌도 함께 움직인다. 뇌에 시동이 걸리면 애초에 우리가 생각지도 못했던 아이디어가 떠오르기도 한다. 차에 시동을 걸고 길을 나서면 어디든지 가게 되고, 가다 보면 좋은 풍경을 만나게 되기도 하는 것과 같은 이치다. 그러니 구상이 확실해지기를 기다리지 말고, 일단 시작하자. 그렇게 매번 좋은 글을 쓸 수는 없겠지만, 글쓰기 경험은 꾸준히 쌓인다. 꾸준한 글쓰기 경험은 고스란히 글쓰기 내공으로 이어진다.

# 한 조각만
# 써라

•

"E. L. 덕터로는 언젠가 이렇게 말한 적이 있다. '소설 쓰는 것은 밤에 자동차를 운전하는 것과 같다. 당신은 차의 헤드라이트가 비춰 주는 데까지만 볼 수 있을 뿐이다. 그런 식으로 목적지까지 갈 수 있다.' 당신이 가려고 하는 곳을 볼 필요는 없다. 목적지를 볼 필요도 없으며, 가는 동안에 지나치는 것을 모두 다 볼 필요도 없다. 단지 당신 앞의 2~3피트 정도 앞만 보면 된다. 바로 이것이 글쓰기에 대해서, 아니 어쩌면 인생에 대해서도 내가 들은 것 가운데 가장 값진 충고일 것이다."

앤 라모트, 『글쓰기 잘쓰기』

나이아가라 폭포는 미국과 캐나다 사이에 있다. 레인보우 브리지(Rainbow Bridge)는 나이아가라 폭포를 가로질러 미국과 캐나다를 연결한다. 1847년 현수교 설계시공 전문가 찰스 엘렛 주니어가 이 다리를 시공했는데, 처음에는 연을 띄워 연줄로 다리의 양쪽을 연결했다. 다음에는 그 연줄에 아주 가는 코일을 연결하여 다리 양쪽을 연결했다. 그다음에는 가는 코일에 조금 굵은 코일을 연결하여 다리를 양쪽을 연결했다. 그런 다음에는 밧줄을, 그런 다음에는 쇠로 만든 케이블을 연결하여, 마침내 나이아가라를 가로지르는 레인보우 브리지를 완공할 수 있다.

히스이 고타로가 쓴 『3초만에 행복해지는 명언 테라피』에는 아메리카 대륙을 걸어서 횡단한 할머니 이야기가 소개되어 있다. 책 속에 소개된 할머니는 어느 날 손자로부터 운동화 선물을 받는다. 다른 주에 사는 친구에게 자랑할 생각으로 할머니는 집을 나섰다. 처음에는 대륙을 횡단할 생각 따위는 없었다고 한다. '무릎이 아프면, 택시를 타면 되겠지.' 하는 생각으로 길을 나섰다고 한다. 자꾸 걷다 보니, 걷는 데 익숙해지고, 익숙해지다 보니 차츰 먼 거리를 걸을 수 있게 되었다고 한다. 그렇게 할머니는 아메리카 대륙을 걸어서 횡단했다.

난 30대 초반부터 본격적으로 글을 쓰기 시작했다. 특별한 사정이 있지 않으면, 새벽 4시경에 일어나서 글을 썼다. 목표는 'A4 한 쪽 쓰고 출근하기'였다. 무슨 거창한 글을 쓴 건 아니다. 일기도 쓰고 책에 밑줄 그은 부분을 베껴 쓰기도 했으며 머릿속에 떠오르는 생각을 가리지 않고 마구 적어 놓기도 했다. 글자 크기가 보통 12포인트 정도 되었으니, 날마다 A4 한 쪽 쓰는 일은 그리 어렵지 않았다. 정 쓰기 싫은 날은 반쪽만 채운 날도 있고, 글이 잘 풀리는 날은 두 쪽을 쓰기도 했다.

그렇게 지난 20여 년 동안 1만 쪽 넘게 글을 썼다. 처음에 시작할 때는 이렇게 오랫동안, 이토록 많이 쓰게 될 줄 몰랐다. 그저 '하루 한 쪽만 쓰자'는 편한 마음으로 시작했더니 이토록 오래, 멀리 올 수 있었다. 편한 마음으로 그날 쓸 분량만 생각했다. 분량이 좀 부족하면, '내일 더 쓰면 되지 뭐.' 하며 노트북을 덮었고, 분량이 좀 많은 날은 '오늘 이만큼 썼으니, 내일은 좀 덜 써도 되겠구나.' 하면서 즐거워했다. 어느 정도 분량이 쌓이면 인쇄를 해서, 바인더에 묶어 보관했는데, 바인더가 하나둘 늘어 가는 걸 보는 즐거움이 쏠쏠했다.

나날이 조금씩 글을 쓰는 일은 징검다리를 건너는 일과 흡사하다. 징검다리를 하나씩 건너다 보면 어느새 강 건너에 도달하게 된다. 단번에 큰 승리를 거둘 수 없고, 단번에

홈런을 칠 수는 없는 노릇이다. 큰 승리를 거두려면 반드시 작은 승리를 먼저 거두어야 하고, 홈런을 치기 전에 반드시 단타부터 쳐야 한다. 큰 성취는 대개 점진적인 작은 성취의 결과물이다.

"저 사과나무의 목표는 해마다 작은 가지를 새로 내는 것이다. 내 계획도 그렇다." 미국 시인 워즈워스 롱펠로의 말이다.

글쓰기 실력은 단번에 좋아지지 않는다. 글쓰기는 먼 길을 가야 하는 여정이다. '얼마나 더 가야 하나?' 따위는 잊어버리고, 다만 오늘 걸을 수 있는 만큼만 걸으면 된다. 목적지를 헤아리는 대신, 이미 지나온 길을 바라보면서 성취감을 느껴야 한다. '아, 벌써 이만큼이나 왔구나!' 그렇게 계속 걷는 거다. 끝 모를 여행이지만 계속 걷다 보면 어쨌든 전혀 걷지 않는 사람들에 비해서는 먼 길을 걷게 된다. 그렇게 계속 걷다 보면 여전히 출발점 근처에서 기웃거리는 사람들이 보이지 않을 만큼 멀리 가게 된다. '글 좀 쓰는 사람'이 되는 것이다. 천 년을 사는 느티나무는 25m까지 자란다. 그러나 씨앗은 4$mm$이다.

# 글을 보는
# 안목을 높여라

●

"사람은 보는 눈이 뜨여야 이런저런 무엇을 갖출 수가 있는 것이다. 안고수비(眼高手卑)라는 말이 있어서, 마음은 크고 눈은 높아도 재주가 모자라 손이 눈을 따르지 못하는 것을 탄식하기도 한다만, 수비는 나중 이야기고 우선은 안고가 되어야 한다. 보는 눈이 먼저 열려야 분별을 하게 되고, 눈에 격이 생겨야 그 격에 이르려고 부지런히 손을 익힐 것 아니냐. 타고난 재주가 아무리 출중하고, 일평생 익힌 솜씨가 아무리 능란해도, 눈이 낮은 사람은 결국 하찮은 물풍정을 벗지 못할 것이다. 그러니, 다른 무엇보다 사람은 눈을 갖추어야 하느니라."

최명희, 『혼불 4』

마시야마 다즈코는 60세가 넘어서야 사진을 찍기 시작했다. 그녀는 1917년 일본에서 태어났는데 같은 지역 사람과 결혼했다. 결혼 후 남편은 전쟁터에 나갔는데, 그만 행방불명이 된다. 그 와중에 마을이 댐 건설로 수몰된다는 소문까지 돈다. 그때부터 그녀는 사진을 찍기 시작했다. 혹시나 남편이 돌아왔을 때 마을이 사라진 이유를 설명할 다른 방법이 없었기 때문이었다. 셔터만 누르면 누구라도 쉽게 촬영할 수 있는 코니카 카메라를 구입해서 수몰되어 가는 고향 마을과 마을 사람들의 모습을 찍기 시작했다. 차츰 그녀는 촬영 자체의 즐거움에 빠지기 시작한다. 찍은 사진은 7만 장에 달했다. 사진전을 여는가 하면 사진집을 내기도 했다. 그녀의 사진은 많은 사람들의 공감을 얻었는데, 마시야마 다즈코는 '도쿠야마 사진 아줌마'로 유명세를 탔다.

인스타그램은 잘 찍은 사진들로 넘쳐난다. 이 사진을 찍은 사람들이 모두 어디 가서 사진 찍는 기술을 배웠을까? 그런 경우도 없지는 않겠다. 하지만 대부분은 좋아서 자꾸 찍다 보니 잘 찍게 된 사람들일 것이다. 사람들이 사진에 능숙해지는 과정은 보통 이렇다. '자꾸 찍는다.' '자기가 찍은 사진을 유심히 본다.' '다른 사람들이 찍은 좋은 사진을 유심히 본다.' 이런 과정을 통해서 안목이 성장하고 점점 더 좋은 사진을 찍게 된다. 앞서 말한 마시야마 다즈코도 비슷한 경우일 것이다. 그녀가 어디 가서 사진을 배웠다는 기록은 없다. 전쟁 통에 어디 가서 사진을 배운다는 말인가? 마사야마 다즈코도 자꾸 찍고, 자꾸 보는 과정에서 안목이 성장했고 더 나은 안목은 더 나은 사진 찍기 실력으로 이어졌을 것이다.

미켈란젤로의 다비드상은 처음에는 그저 평범한 돌이었다. 하지만, 미켈란젤로는 보는 눈이 있었다. 파내야 할 부분이 어디인지 알았다. 그의 손은 그저 불필요한 부분을 파내는 역할만 했을 뿐이다. 손재주가 아니라, 안목이 먼저였다는 말이다. 안목이 선행되지 않았더라면 아무리 손재주가 좋아도 다비드상 같은 예술작품을 완성하지 못했을 것이다.

옷을 입고, 화장을 하는 경우도 마찬가지다. 안목이 있어야 감각 있는 패션과 메이크업을 완성할 수 있다. 거울 앞에 서서 이 옷 저 옷 걸쳐 보기만 한다고 감각 있는 패션을 연출할 수 있는 게 아니다. 온갖 화장품을 장만하고, 거울 앞에 오래 앉아 있기만 하면 저절로 그럴듯한 화장을 할 수 있는 게 아니다. 안목이 있어야 제대로 차려입을 수 있고 제대로 화장할 수 있다. 옷을 입고, 화장을 하는 데도 안목이 먼저다.

이는 글쓰기에도 고스란히 적용된다. 글쓰기는 고쳐쓰기다. 일필휘지로 단번에 쓰는 경우가 없지는 않지만, 글쓰기는 대개 고쳐쓰기다. 걸레 같은 초고를 수없이 고치면서 글을 만들어 간다. 글을 고치기 위해서 필요한 게 뭐겠는가? 글을 보는 안목이다. 일단 글을 보는 안목을 갖추고 있으면, 그 안목에 맞게 고쳐 나가면 된다. 결국 안목만큼 글을 쓰게 된다.

글을 쓰는 사람들도 사진 찍는 사람들과 유사한 과정을 통해서 안목을 키울 수 있다. 일단 자꾸 쓴다. 쓰다 보면 글을 보는 눈이 성장한다. 글을 쓰는 사람은 자신이 쓰고 있는 글에 몰입하게 된다. 단어와 문장을 살피고, 단락과 단락을 살핀다. 어떤 경우에는 토씨 하나까지 신경 쓰게 된다. 조사를 '은'으로 할지 '이'로 할지를 두고 고민한다. 이런 과정에서 글을 보는 안목이 성장한다. 또한 자신이 쓴 글을 고치는 과정에서 글을 보는 안목과 고치는 능력이 동시에 성장한다. 글을 고치려면 일단 깊게 읽어야 한다. 깊게 읽으면서 글을 보는 안목이 성장하고, 퇴고하면서 고치는 능력이 좋아진다.

다른 사람이 쓴 좋은 글을 자꾸 읽는 것도 안목의 성장으로 이어진다. 다른 사람의 글을 자꾸 읽으면서 부지불식 중에 글을 보는 심미안이 길러진다. 읽기를 좀 더 심도 있게 하고 싶으면 필사를 하면 된다. 필사는 강제로 느리게 읽기다. 눈으로만 읽으면 자기도 모르게 빨리 읽게 된다. 필사를 하면서 읽으면 어쩔 수 없이 천천히 읽게 되는데, 그러면 글이 좀 더 깊이 들어온다. 깊이 들어오면 좀 더 심도 있게 음미할 수 있고, 글을 보는 안목도 그만큼 더 깊어진다. 다른 사람이 쓴 글을 바꾸어 써 보는 일도 좋다. '나라면 이렇게 쓰겠다!' 하면서 자기 나름대로 글을 바꾸어 써 보라는 말이다. 바꾸어 쓰려면 일단 깊게 읽어야 한다. 그 과정에서 글을 보는 눈이 좋아진다.

『로마인 이야기』의 저자 시오노 나나미는 프로와 아마추어를 나누는 기준으로 절대감각을 들었다. 해당 분야에 대한 안목이 있느냐 없느냐로 프로와 아마추어를 가를 수 있다는 말이다. 이는 글쓰기에도 적용된다. 글쓰기에도 절대감각, 안목이 필요하다. 많이 써 보고, 많이 읽는 가운데 보는 눈을 기르자. 안목을 높이자.

# 재능이
# 없어도 된다

●

"모든 참된 재능의 핵심에는 자각과 확신이 자리 잡고 있다. 어떤 일이든 그것을 성취하려면 어려움이 따르게 마련이라는 자각, 그리고 끈기와 인내심만 있으면 가치 있는 일을 성취해 낼 수 있다는 확신이 바로 그것이다. 따라서 재능이란 일종의 정신력이다. 그래서 나는 '진짜 작가'에 대한 환상적이고, 그릇된 생각을 떨쳐버릴 수 있었다. 진짜 작가란 규칙적으로 생활하며 단지 열심히 작업을 하는 사람이 아닐까?"

에릭 호퍼, 『인간 조건에 대한 성찰』

저널리스트이자 베스트셀러 작가인 대니얼 코일이 쓴 『탤런트 코드』에 따르면 전기 작가들은 브론테 자매에게 타고난 문학적 재능이 있었다고 여기지 않았다. 전기 작가들에게 의하면 브론테 자매의 초기 작품들은 맞춤법이 엉망이었고, 구두점을 제대로 찍지 못했으며, 사고의 흐름과 성격묘사도 매끄럽지 못했다고 한다. 그들이 어린 시절부터 왕성한 창작 활동을 한 것은 사실이지만, 왕성한 창작 활동이 곧 브론테 자매에게 타고난 문학적 재능이 있었다는 의미는 아니라고 말한다. 그러니까 브론테 자매의 문학적 성공은 재능보다는 노력에서 기인했을 가능성이 높다는 이야기다.

사람들은 헤밍웨이에게, "이런 글 실력으로는 절대로 작가가 될 수 없다."고 말했다. 평론가들은 도스토옙스키를 향해 "너저분한 잡동사니 같은 글만 쓴다."고 했다. 헤밍웨이와 도스토옙스키도 타고난 문장가는 아니었던 모양이다.

『대통령의 글쓰기』로 잘 알려진 강원국 씨도 처음부터 글을 잘 쓴 건 아니었다. 자신의 말에 의하면 그는 원래 글쓰기에 젬병이었다. 초등학교, 중학교, 고등학교를 다니면서 제대로 글을 써 본 적이 없으며, 심지어 대학 때도 시험답안을 작성할 때를 제외하고는 글을 써 본 적이 없다. 그의 글쓰기는 직장생활을 시작하면서 겨우 시작되었는데, 대우증권 홍보실에 들어가게 되면서 본격적으로 시작되었다.

등단 이후 6권의 소설을 펴냈으며, 2003년 동인문학상,

2009년 이상문학상을 수상한 소설가 김연수. 그는 초등학교 시절부터 백일장에 나갔는데 글쓰기를 좋아하거나 글쓰기에 재능이 있어서가 아니라, 백일장에 나가면 수업을 빼먹을 수 있기 때문이었다. 백일장의 취지는 글쓰기를 격려하는 데 있다. 학생들이 글쓰기를 좋아하게 만드는 데 백일장의 의미가 있다는 말이다. 그러니 상을 좀 후하게 많이 준다. 그런데도 그는 한 번도 상을 받아 본 적이 없다고 한다. 그는 이렇게 말한다. "그러므로 쓰라. 재능으로 쓰지 말고, 재능이 생길 때까지 쓰라."

CBS TV 방송에서 기획하는 미니 강연 프로그램, 〈세상을 바꾸는 시간 15분〉에 동화작가 고정욱이 출연한 적이 있다. 그는 이 프로그램에서 자신의 인생 이야기를 풀어놓았다. 고정욱은 어린 시절에 소아마비를 앓았다. 설 수도, 걸을 수도 없어서, 어머니 등에 업혀 등하교를 해야 했다. 어렵게 고등학교를 마치고, 의과대학이나, 이공계 대학에 진학하고 싶었지만, 받아 주는 대학이 없었다. 하는 수 없이 문과대학 국문과에 진학했다. 1급 지체장애인으로서 달리 할 수 있는 게 없었던 그는 글을 써서 먹고 살기로 마음먹는다. 특별히 문학이나, 글쓰기를 좋아했던 건 아니라고 한다. 혼신의 힘을 다해 글을 쓴 그는 동화책을 비롯하여 200권도 넘는 책을 펴냈는데, 총 350만 부 넘게 팔렸다. 그의 작가로서의 성공은 재능이 아니라, 절박함에서 기인한 노력으로 봐야 할 것이다.

세계적인 문호나 글로 먹고사는 사람들도 글쓰기에 그다지 재능이 없었다는 사실이 적잖은 위안이 되지 않는가? 별다른 재능 없이도 일정 수준 이상의 글쓰기 능력을 갖추게 된 사람들이 많이 있다. 이런 사례는 재능이 부족하지만 글을 잘 쓰고 싶은 사람들에게 희망이 되어 준다.

『하버드 글쓰기 강의』의 저자 바버라 베이그는 글쓰기가 운동이나 악기연주와 마찬가지로 하나의 기술이라고 했다. 많은 사람들이 글쓰기를 할 때 지레 겁을 먹고 갈피를 못 잡는 건 재능이 없어서가 아니라, 글쓰기 기술을 익힐 적절한 기회를 얻지 못했기 때문이라고 한다. 문학 글쓰기가 아닌 일반적인 글쓰기는 예술이 아니라 기술에 가깝다. 기술은 적절하고 꾸준한 훈련과 노력만으로도 나아질 수 있다.

우리 시대의 글쟁이, 스티븐 킹도 재능이 아니라 노력을 말했다. "작가는 타고나는 것이 아니다. 만들어진다."

# 글쓰기에
# 늦은 때란 없다

•

"68세에 퓰리처상을 받은 프랭크 맥코트는 교사 생활을 하다 60세가 넘어 글쓰기를 시작했다. 나는 이 부분을 읽으며 회심의 미소를 지었다. 50세에 본격적으로 글쓰기를 시작한 나의 선택이 결코 무모한 일이 아니라는 얘기가 아닌가."

한명석, 『늦지 않았다』

소설 『눈먼 자들의 도시』로 유명한 주제 사라마구는 57살까지 기술자로 살았다. 기술이란 기술은 모조리 배워 용접공, 제철공, 막노동 등을 전전했다. 정규교육을 제대로 받지 못한 그로서는 어쩔 수 없는 선택이었다. 57세에 느닷없이 전업 작가의 길을 택한 사라마구는 20년 후인 76세에 노벨 문학상을 탔다. 2010년 사망할 때까지 스페인령 카나리아 제도의 작은 섬에서 집필생활을 했다.

시바타 도요는 1911년 일본에서 태어났다. 그녀는 유복한 집의 외동딸로 태어났는데, 그녀가 10살이 될 무렵 가세가 기울기 시작했다. 음식점 더부살이를 전전하던 시바타 도요는 33살에 주방장과 결혼했다. 1992년에 남편과 사별하고, 2013년에 사망할 때까지 홀로 생활했는데 독서, 영화감상, 무용 등을 하면서 소일했다. 그녀는 99살에 첫 책 『약해지지 마』를 출간했는데, 일본 내에서 150만 부나 팔려 나가면서 엄청난 베스트셀러가 되었고 한국, 대만, 네덜란드에서 번역 출간되기도 했다.

『나는 쓰는 대로 이루어진다』의 저자 한명석 씨는 50살에 글쓰기를 시작했다. 자식들을 독립시키고 허전함으로 방황하던 중 글쓰기를 만났다. 구본형변화경영연구소에서 글쓰기를 공부하고 총 3권의 책을 냈다. '글쓰기를 통한 삶의 혁명'이라는 글쓰기 강좌도 진행하고 있다. 올해 일흔을 넘겼지만 글을 쓰고 글쓰기 강의를 하면서 인생 2막을 기운차게 살아 내고 있다.

글쓰기는 대단한 신체적 능력을 요구하지 않는다. 글을 쓸 만한 지적능력이 되지 않는다고 좌절할 필요도 없다. 지적능력은 부지런히 책을 읽고 자꾸 쓰면서 단련하면 된다.

대부분의 직종에서 많은 나이는 불리하게 작용한다. 하지만 글쓰기에는 오히려 유리하게 작용할 수 있다. 일단 인생경험이 많다 보니 쓸거리가 많다. 나이가 들수록 정신적으로 성숙하는 경우가 많으니 그걸 글로 잘 녹여 내면 상대적으로 깊이 있는 글을 쓸 수 있다. 중년이나 장년이 아니면 도저히 쓸 수 없는 글도 있으니 차별화된 글을 쓰는 데도 유리하다. 장년에는 보통 육아와 가족부양 의무를 어느 정도 마무리한 상태여서 글 쓸 시간을 확보하기도 쉽다.

번역가 김욱은 일흔에 번역일을 시작해서 지금은 경력 19년 차 베테랑 번역가가 되었다. 그는 기자 출신으로 은퇴 후 전원주택에서 글이나 쓰면서 여생을 보내는 것이 꿈이었다. 그러다 일흔을 앞두고 빚보증을 잘못 서서 전 재산을 날리게 된다. 남의 집 묘막살이를 전전하던 그가 절박한 마음으로 시작한 것이 번역이었다. 그렇게 10년, 200권도 넘는 책을 번역하기에 이른다. 매당 1,500원 받던 번역료도 3,000원으로 껑충 뛰어 이제는 한 달 수입이 600만 원에 이른다고 한다.

고갱은 35살이 될 때까지 증권회사에 다녔다. 그러다 문득 화가가 되기로 결심하고 붓을 들었다. 사람들은 화가가 되기에는 늦은 나이라고 했지만 그리지 않고서는 견딜 수가 없었다. 미국의 안나 매리 로버트슨 모제스(일명 그랜마 모제스)는 72세에 그림을 그리기 시작해서, 죽을 때까지 1,600점이나 되는 그림을 그렸다. 그중 25점은 마지막 1년 동안 그린 그림이었다. 고등학교에서 화학을 가르치던 짐 모리스는 35세에 메이저리그에 데뷔했다. 조지 포먼은 45세에 헤비급 챔피언 벨트를 되찾았다.

무언가를 시작하기에 늦은 나이는 없다. 글쓰기를 시작하기에 늦은 나이도 없다.

# 먼저 좋은
# 독자가 돼라

●

"독서가 정말 중요한 까닭은 우리가 독서를 통하여 창작의 과정에 친숙해지고 또한 그 과정이 편안해지기 때문이다. 책을 읽는 사람은 작가의 나라에 입국하는 각종 서류와 증명서를 갖추는 셈이다. 꾸준히 책을 읽으면 언젠가는 자의식을 느끼지 않으면서 열심히 글을 쓸 수 있는 어떤 지점에(혹은 마음가짐에) 이르게 된다. 그리고 이미 남들이 써먹은 것은 무엇이고 아직 쓰지 않은 것은 무엇인지, 진부한 것은 무엇이고 새로운 것은 무엇인지, 여전히 효과적인 것은 무엇이고 지면에서 죽어가는(혹은 죽어버린) 것은 무엇인지 등등에 대하여 점점 더 많은 것들을 알게 된다."

스티븐 킹, 『유혹하는 글쓰기』

글쓰기는 레고로 뭔가를 만드는 일과 흡사하다. 레고로 4층짜리 건물을 만든다고 생각해보자. 먼저 레고 조각을 하나하나 연결해서 1층을 만든다. 그런 다음 1층과 연결성을 고려해서 2층을 만든다. 그런 다음 2층과 연결성을 고려해서 3층을 만든다. 마지막으로 3층과 연결성을 고려하여 4층을 만든다. 각각의 레고 조각과 각각의 층은 서로 매끄럽게 연결되어야 한다.

글쓰기는 한 단어, 한 문장에서 시작한다. 단어와 단어, 문장과 문장은 매끄럽게 연결되어야 한다. 문장과 문장이 연결되면 하나의 단락이 탄생한다. 단락과 단락이 연결되면 한 꼭지의 글이 탄생한다. 이런 과정을 거친 글들이 일정한 주제하에 위계를 갖추면 책이 된다.

글쓰기에는 일반적으로 문장력, 논리력, 자료가 필요하다. 문장력은 문장을 유려하게 쓸 수 있는 능력이다. 논리력이란 문장과 문장, 단락과 단락을 매끄럽게 연결할 수 있는 능력을 말한다. 논리력이 부족하면 글의 앞뒤가 맞지 않는다. 글이 매끄럽게 연결되지 않고 덜컹거리게 된다. 또한 글쓰기에는 자료가 필요하다. 자료를 많이 확보해 두면 그렇지 않은 경우에 비해 글 쓰는 게 쉽다. 냉장고에 재료가 많다고 생각해 보라. 무슨 요리든 한번 해 볼 수 있지 않겠는가? 그래서 "글쓰기는 자료가 80%다."라고 말하는 작가들이 많다. 글쓰기 초심자들은 보통 자기 경험을 풀어서 글을 쓰는데, 자기 경험을 자료로 글을 쓰는 데는 한계가 있다. 머지않아 쓸거리가 없는 상황에 처할 공산이 크다. 개인 블로그에 신변잡기에 대해서만 쓸 생각이 아니라면 자료 확보는 필수다.

  신문이든 책이든 글을 읽는다는 것은 다른 사람들이 지어 놓은 글을 살핀다는 뜻이다. 사람들은 부지불식중에 혹은 의도적으로 자신이 읽은 글의 문장력, 논리력을 학습하고 영향을 받는다. 좋은 글을 많이 읽은 사람은 이미 좋은 글을 쓰기 위한 준비를 상당 부분 마쳤다고 봐야 한다. 그런 사람들에게는 실제로 글을 쓰면서 문장력과 논리력을 다지는 일만 남는다.

  앞서 문장력, 논리력, 자료가 있어야 좋은 글을 쓸 수 있다고 했다. 다독을 하면 이 세 가지를 모두 준비할 수 있다. 좋은 글은 정제된 언어의 창고와 같다. 좋은 글을 많이 읽으면 문장력이 좋아지고 글의 논리를 따라가다 보면 논리력이 생긴다. 또한 읽기는 자료를 확보하는 손쉬운 방법이다. 그러니 꾸준히 쓰고 싶은 사람, 제대로 쓰고 싶은 사람은 좋은 글을 많이 읽어야 한다.

미국 주간지 『뉴요커』 편집장 데이비드 렘닉은 피아니스트를 꿈꾸는 사람들이 수없이 피아노로 음계 연습을 하는 반면 시인이란 사람들은 무작정 펜을 든다고 비난했다. 그에 따르면 작가에게 음계 연습이란 독서다. 데이비드 렘닉은 독서하지 않고는 좋은 글을 쓸 수 없다고 했다. 미국 작가로서 노벨 문학상과 퓰리처상을 수상한 윌리엄 포크너도 좋은 작품이든 나쁜 작품이든 닥치는 대로 읽어 보고 작가들이 어떻게 쓰는지 살펴보라고 했다.

스티븐 킹은 자신이 작가가 될 수 있었던 비결로 TV가 없던 시절에 태어난 점을 들었다. TV가 없으니, 달리 시간을 보낼 방법이 마땅치 않고, 그러다 보니 책을 많이 읽게 되었다는 것이다. 스티븐 킹도 글을 쓰기 전에 먼저 많이 읽어야 한다는 걸 인정한 것이다. 많이 읽지 않고 작가가 될 수 있는 방법은 없다. 일단 많이 읽자.

# 배우고 나서 쓰는 게 아니라
# 쓰면서 배운다

"글쓰기는 독학이었다. 누가 가르쳐준 것도 아니고, 어디서 정식으로 배운 것도 아니다. 읽고, 쓰고, 또 읽고, 또 쓰는 가운데 내 글이 생겨났다."

장석주

사람들은 무언가를 시작하려면 반드시 먼저 배워야 한다고 생각한다. 글쓰기나 작곡 같은 창작 활동은 전공자나 전문가의 영역으로 여겨지기 쉽다. 그렇지 않다. 꼭 배워야 좋은 글을 쓸 수 있는 게 아니다. 꼭 정규 교육과정을 밟아야 좋은 곡을 만들 수 있는 것도 아니다. 실력은 '경험' 속에서 자란다. 어떤 것을 배우는 유일한 방법은 대개 그걸 직접 해보는 것이다. 그러니 이런 식으로 말할 수 있다. "배우고 나서 쓰는 게 아니라, 쓰면서 배운다."

　우리는 흔히 작가라 하면 문예창작과나 국문학과 출신일 거라고 생각한다. 하지만 실제로는 그렇지 않다. 글쓰기를 직업으로 삼은 사람들 중 상당수는 글쓰기 전공자가 아니다. 시인 장석주는 고졸이다. 그는 대학에 가는 대신 책을 집어 들었다. 독학으로 글쓰기를 배웠다. 그는 한 인터뷰에서 "나는 글쓰기를 배우지 않았다. 읽고 쓰면서 스스로 터득했다."고 말했다. 장정일의 경우도 그렇다. 그는 시인이자 소설가이며 에세이스트이지만, 중졸 학력이 전부다. 장정일도 글쓰기에 대해서 배운 적이 없다. 자꾸 쓰면서 스스로 글쓰기를 터득했을 뿐이다.

　글쓰기뿐 아니다. 음악도 마찬가지다. 역주행 신화를 만든, '브레이브걸스'의 노래 '롤린'을 작곡한 강동철은 조직폭력배 출신이다. 그는 일하던 유흥업소에서 우연히 '사이프레스 힐'의 노래를 듣고 음악에 흠뻑 빠지게 된다. 그는 음악에 대한 기본적인 지식이 없었다. 심지어 기본적인 코드도 알지 못했다. 그는 오로지 감각에만 의존해서 곡을 만들기 시작했다. 그가 한 일이라고는 무수히 많은 음악을 듣고, 무수히 많은 음악을 만들어 보는 일이 전부였다. 그렇게 그는 손담비의 '토요일 밤에', 씨스타의 '나 혼자', 브라운 아이드 걸스의 '어쩌다', 빅뱅의 '마지막 인사' 등 수많은 히트곡을 만들었다.

많은 사람들이 '먼저 배우고 나서야 무언가를 할 수 있다'고 믿는다. 하지만 실제로는 해야 배울 수 있다. 글쓰기도 마찬가지다. 물론, 책이나, 강의를 통해서 배울 수 있는 부분이 있기는 하지만, 스스로 쓰면서 터득해야 하는 부분이 압도적으로 많다. 그리고 써본 경험이 있어야 글쓰기 책이나, 글쓰기 강의가 제대로 도움이 된다. 그러므로 "나는 아직 쓸 준비가 안 됐어."라고 말하는 건 글쓰기를 미루기 위한 핑계일 수 있다. 쓰는 가운데 깨닫게 되고, 깨달음 속에서 더 나은 글을 쓸 수 있게 된다. 작가는 배우는 사람이 아니라, 쓰는 사람이다. 길은 걷는 사람에게만 열린다.

정리하면 이렇다. "배우고 나서 쓰는 게 아니다. 쓰면서 배운다." 지금 글을 쓰고 있다면, 이미 글쓰기를 위한 배움의 한가운데에 있는 것이다. 당연한 이야기지만, 글쓰기 능력은 무수한 시행착오와 반복 속에서 조금씩 단련된다. 처음에는 문장이 어색하고, 말이 꼬이고, 무엇을 말하고 싶은지도 잘 모를 수 있다. 하지만 그럼에도 계속 쓰다 보면 문장이 조금씩 정돈되고, 나의 문체와 생각이 서서히 드러나기 시작한다.

그리고 어느 순간부터는 '글을 쓰는 법'이 아니라, '나답게 쓰는 법'을 터득하기에 이른다. 진짜 글쓰기가 시작되는 것이다. 누구도 대신 걸어줄 수 없는 길, 하지만 누구든 시작할 수 있는 길. 중요한 것은, 직접 써보는 것이다. 그러니 두려워하지 말고, 지금 바로 써보자. 글을 쓰는 사람만 글쓰기를 배울 수 있다.

# 향상심이 있어야
# 글이 는다

•

"대부분의 평전 주인공의 삶에는 일관되게 흐르는 그 무엇이 있는데, 그것이 작가와 독자들에게 큰 감동을 준다. 바로 향상심이다. 좋은 날, 궂은 날을 가리지 않고 한 인간이 정상을 향해 뚜벅뚜벅 걸어가게 하는 힘이 향상심이다. '나는 어제보다 오늘 더 나은 인간이 되고 싶다'는 강한 열망처럼 귀한 것이 또 있겠는가? 그런 인간적인 특성은 언제 어디서나 빛을 발하게 마련이다."

공병호, 『리더의 나침반은 사람을 향한다』

스탠리 큐브릭(Stanley Kubrick, 1928~1999년)은 영화계에서 소문난 완벽주의자다. 그의 지독한 완벽주의 때문에 배우, 작가, 촬영팀은 곤욕을 치르기 일쑤였다. 견디다 못한 배우들이 눈물을 보이는 일도 허다했다. 자신의 영화가 해외에

수출될 때에는 포스터 작업에까지 관여했다. 단편 다큐멘터리 3편을 포함해 총 16편밖에 연출하지 않은 것도 그의 완벽주의에서 기인했다. 그가 연출한 〈아이즈 와이드 셧〉은 당대 최고의 스타 커플이었던 톰 크루즈와 니콜 키드먼을 3년이나 붙들어 두었다. 〈아이즈 와이드 셧〉이 '영원히 끝날 것 같지 않을 프로젝트'로 회자되면서 그의 완벽주의는 널리 유포되었다.

디자이너 조르지오 아르마니는 전 세계 320개의 매장과 5천여 명의 직원들을 거느리고 있다. 연 매출은 20억 유로에 이른다. 그는 패션쇼 소품으로 쓰이는 꽃 장식에서부터 패션모델의 발걸음 하나까지 모든 것을 자신이 직접 챙긴다. 아르마니 호텔의 경우는 가구와 인테리어 선정, 직원들의 유니폼 디자인까지 직접 나서서 챙긴다. 그는 말한다. "인생에서 뭔가 의미 있는 것을 이루려는 사람이라면 필수적으로 디테일에 신경을 기울여야 한다. 뭔가 비범한 것을 창조하기 위해서는 집요할 정도로 작은 디테일에 몰두해야 한다."

빵 하나로 까다롭기로 소문난 타워팰리스 주민들의 입맛을 사로잡은 김영모 사장도 품질에 관한 한 완벽을 추구했다. 마음에 들지 않는 빵이 나오면 가차 없이 쓰레기통에 버렸다. 소보로 빵에 덮는 소보로의 양이 적다고 빵을 전량 폐기한 적도 있다. 원래 사용하는 치즈가 아니라고 치즈스틱을 모두 버린 적도 있다. 보관 실수로 크리스마스 케이크에 살짝 이상한 냄새가 배어 있다는 이유로 400개나 되는 케이크를 모두 버린 일도 있다.

어떤 분야에서 일가를 이룬 사람들은 좀 더 나은 결과물을 내놓기 위한 완벽주의에 병적으로 집착하는 경우가 많다. 글쓰기 분야도 마찬가지다. 소설가 김훈은 소설『칼의 노래』앞부분을 쓸 때, '꽃이 피었다'로 할지, '꽃은 피었다'로 할지를 고민했다고 했다. '꽃이'로 했다가 '꽃은'으로 고쳤다가, 다시 '꽃이'로 고치기를 수백 번 반복했다고 한다. 이를 두고 한나절 고민하다가 담배 한 갑을 다 태웠다고 한다. 오스카 와일드는 시 한 편을 탈고하던 날, 오전 내내 고심하다가 콤마 하나를 삭제했다.

초등학교 6년 동안 일기를 썼다. 학년이 바뀔 때마다 '이번 학년 담임선생님은 일기 쓰기 숙제를 안 냈으면 좋겠다'는 바람을 품었지만, 내 바람은 6년 내내 이루어지지 않았다. 초등학교 6년간 일기를 써야 했다. 심지어 방학 때조차 일기를 써야 했다. 학기 중에는 매일 일기 검사를 하니 어떻게든 매일 일기를 쓰고는 했는데, 방학 때는 짧게는 열흘, 길게는 한 달 치 일기를 미뤄두었다가 한꺼번에 쓰고는 했다. 개학이 다가올수록 얼마 남지 않은 방학에 대한 아쉬움과 개학에 대한 부담이 커졌는데, 부담감의 상당 부분은 '밀린 일기를 써야 한다'는 부담에서 기인했다. 당연하게도 이런 식의 일기 쓰기로 내 글쓰기 실력이 나아지지 않았다. 6년이나 일기를 썼지만, 내 글쓰기 실력이 나아지지 않은 이유가 뭐겠는가?

취미로 색소폰을 배운 적이 있다. 색소폰 동호회에도 들어서 연주에 참여하고는 했다. 처음에는 얼마간의 노력으로도 실력이 늘었지만, 어느 순간이 되자 내 연주 실력은 더 이상 늘지 않았다. 해가 바뀌어도 마찬가지였다. 나만 그랬던 게 아니라, 나와 함께 취미로 색소폰을 불던 사람들의 경우도 마찬가지였다. 어째서 악기를 만지는 시간이 늘어도 연주 실력이 늘지 않았던 것일까? 실력을 높여줄 적당한 연습 방법도 필요했겠지만, 그전에 더 나은 연주를 하고 싶은 욕심, 향상심이 부족했기 때문이었다.

글쓰기를 처음 시작한 사람이 글쓰기에 완벽을 추구해

서는 안 된다. 처음부터 완벽을 추구하는 글쓰기 초심자는 머지않아 글쓰기를 포기하게 될 것이다. 완벽에 대한 부담감은 글쓰기 초심자를 글쓰기로부터 멀어지게 한다. 글쓰기를 처음 시작하는 사람은 그저 즐겁게 자주 쓰면서, 글쓰기를 습관화하는 게 우선이다. 그러나 그런 사람들조차 더 나은 글을 쓰고 싶은 향상심은 있어야 한다. 건성으로 일기를 쓰는 초등학생의 글쓰기 실력이 나아지지 않듯, 무조건 많이 쓰기만 하는 글쓰기는 어느 순간 정체된다. '조금 더 나은 글'에 대한 욕심이 있어야 글이 조금씩 는다. 완벽을 추구하지는 말자. 그러나 조금 더 나은 글에 대한 욕심, 향상심은 있어야 한다.

# 우뇌가 먼저 설치고,
# 좌뇌가 뒤따른다

●

"내 영화의 줄거리는 순식간에 만들어진다. 〈쓰리, 몬스터〉의 전체적인 윤곽도 담배 한 대를 피울 동안 세워졌다. 일단 이야기의 윤곽이 잡히면 가능한 한 빨리 시나리오 초안을 써내려고 애쓴다. 뒤에 가서 어려운 신(scene)이 생기면 시나리오를 다시 정리할 수도 있지만 어쨌든 빨리 초안을 끝내는 것이 중요하다. (중략) 결국 이야기의 윤곽을 잡는 것은 제트기의 속도로 하고 시나리오 초안은 스포츠카, 그리고 시나리오 수정 작업은 오후 산책처럼 느긋하게 한다는 말이다."

〈헐리우드 리포터〉, 박찬욱 감독 인터뷰 중에서

●

"취해서 쓰고, 깨어나서 수정해라(Write drunk, Edit sober)."

헤밍웨이

글을 구상하고 첫 문장을 쓰는 초기 단계에서는 긴장을 풀고 자유롭게 접근하는 것이 효과적이다. 지나치게 완벽을 추구하면 오히려 글이 막힌다. 마음을 편하게 가지고 쓰다 보면 생각지 못한 아이디어가 떠오르고, 문장도 자연스럽게 흘러나온다. 헤밍웨이의 조언도 같은 맥락이다. 그는 "취해서 쓰고, 깨어나서 수정하라."고 말했다. 실제로 그는 쿠바 아바나의 한 호텔에서 술과 함께 작품을 쓰곤 했다고 전해진다.

헤밍웨이의 말에는 과학적 근거도 있다. 미국 일리노이 주립대학교의 제니퍼 와일리 교수 연구에 따르면, 적정 수준의 혈중알코올농도(0.07%)에서 창의적 사고가 활발해진다고 한다. 이는 알코올이 뇌의 감각 차단 기능을 완화시켜 평소라면 걸러졌을 정보들이 의식으로 들어오기 때문이다. 그 결과 일상에서는 떠오르지 않던 연결고리와 아이디어가 생겨난다. 특히 글의 소재를 모으고 방향을 정하는 구상 단계에서 이런 열린 사고방식이 유용하다.

창의적인 발상과 논리적인 정리, 두 가지가 조화를 이룰 때 좋은 글이 완성된다. 처음에는 자유로운 사고가 앞장서야 한다. 긴장을 풀면 딱딱한 논리적 사고가 뒤로 물러나고 직관적 사고가 활성화된다. 이런 이유로 주제를 탐색하거나 초안을 작성할 때 편안한 마음가짐이 도움이 된다. 물론 반드시 술이 필요하다는 뜻은 아니다. 긴장을 풀고 열린 마음으로 접근할 수 있다면 그것만으로 충분하다. 자유로운 사고로 재료를 쏟아낸 후, 논리적 사고로 꼼꼼하게 다듬으면 된다. 이것이 글쓰기의 자연스러운 흐름이다.

글쓰기에 익숙하지 않은 사람들은 처음부터 완벽한 문장을 쓰려 한다. 한 줄 쓸 때마다 되돌아보며 검토한다. '이 문장이 맞나?', '글 꼬라지가 왜 이 모양인가?' 이렇게 논리적 판단만으로 글을 쓰면 진도가 나가지 않고, 쓰는 사람도 읽는 사람도 재미를 느끼기 어렵다. 지나치게 신중하게 쓴 글은 딱딱하고 생기가 없다. 초안을 쓸 때는 일단 마음껏 써 내려가면 된다. 떠오르는 아이디어를 종이 위에 쏟아붓고, 스케치하듯 거칠게 써도 괜찮다. 맞춤법이 틀려도, 문장이 매끄럽지 않아도, 앞뒤가 맞지 않아도 상관없다. 글쓰기의 본질은 수정에 있으므로, 나중에 고치면 그만이다.

어느 교도소에서 재미 삼아 달리기 시합이 열렸다. 20대 청년은 한 발로, 50대 중년은 두 발로 뛰기로 했다. 누가 이겼을까? 중년이 여유 있게 이겼다. 아무리 젊어도 한 발로는 두 발을 이길 수 없다. 글쓰기도 마찬가지다. 직관과 논리, 두 가지를 모두 활용해야 수월하게 쓸 수 있다. 어느 하나만으로는 부족하다. 먼저 긴장을 풀고 직관을 열어둔다. 그다음 논리로 차근차근 정리한다.

이런 글쓰기 방식은 뇌의 작동 원리와도 맞아떨어진다. 뇌는 크게 직관적이고 창의적인 우뇌와 논리적이고 분석적인 좌뇌로 나뉜다. 좋은 글을 쓰려면 이 두 영역이 각자의 역할을 제대로 해야 한다. 문제는 많은 사람들이 처음부터 좌뇌를 앞세운다는 것이다. 좌뇌는 비판적이고 꼼꼼하다. 한 문장을 쓰면 즉시 검열하고 수정하려 든다. 이렇게 되면 우뇌는 위축되고, 창의적인 아이디어는 싹트기도 전에 잘려 나간다. 반면 초반에 우뇌를 활성화시키면 다양한 생각들이 자유롭게 흘러나온다. 판단을 유보하고 일단 쏟아내는 것이다.

글쓰기의 단계를 명확히 구분하는 것도 도움이 된다. 구상 단계에서는 브레인스토밍하듯 떠오르는 모든 것을 기록한다. 초안 작성 단계에서는 흐름을 끊지 않고 빠르게 써 내려간다. 그리고 수정 단계에 이르러서야 비로소 꼼꼼한 좌뇌를 불러낸다. 이때는 한 문장 한 문장을 따져보고, 논리를 점검하고, 표현을 다듬는다. 각 단계에서 적절한 사고방식을 사용하면 글쓰기가 훨씬 수월해진다. 모든 단계에서 완벽을 추구하려 하면 결국 아무것도 완성하지 못한다.

요약하면 이렇다. 글쓰기는 자유로운 상태에서 출발해 체계적인 형식으로 나아간다. 초기에는 흥에 겨운 듯 자유롭게 쓴다. 이후 정신을 가다듬고 꼼꼼하게 점검한다. 먼저 직관이 나서서 '뼈들고', 그다음 논리가 정돈한다. 먼저 우뇌가 나서서 "쿵", 그런 다음 좌뇌가 나서서 "짝". 글쓰기는 쿵짝이 맞아야 한다.

# 글쓰기의 8할은 자료다

●

"흔히 사람들은 글을 쓸 수 있는 사람과 그렇지 않은 사람의 차이가 재능이나 두뇌에 있다고 생각한다. 하지만 내 생각은 좀 다르다. 사람마다 재능과 두뇌의 차이가 조금씩 있을 수는 있지만, 그것이 결정적인 것은 아니다. 가장 중요한 차이는 글을 쓰기 위해 얼마나 성실하게 준비하는가에 있다. 그 준비가 바로 '자료 정리'다. 흔히 사람들은 책을 많이 읽으면 글을 쓸 수 있다고 생각한다. 그러나 책만 많이 읽는다고 글을 쓸 수 있는 것이 아니다."

박민영, 『인문내공』

강준만은 『글쓰기의 즐거움』에서 글쓰기의 성격을 두 가지로 구분한다. 하나는 '스타일 중심의 글쓰기', 다른 하나는 '메시지 중심의 글쓰기'다. 그는 자신이 "스타일에 약하고 '메시지 실용주의'에 경도돼 있다."고 고백한다. 실제로

그의 글을 읽다 보면 수사적 장식보다는 의미와 정보 전달에 초점이 맞춰져 있음을 느낄 수 있다. 글의 리듬이나 문장의 아름다움보다는, 어떤 메시지를 어떻게 전달할 것인지가 핵심이다. 그의 글에는 다양한 자료와 인용이 가득하고, 그것들이 유기적으로 엮여 있다. 그는 글을 하나의 '퀼트'처럼 만든다. 서로 다른 텍스트 조각들을 엮어 독창적인 의미망을 짜는 능력은 그의 대표적인 글쓰기 전략이다.

그는 단순히 정보를 모으는 데 그치지 않고, 그 자료들을 사회적 맥락 속에서 재구성한다. 그래서 그의 글은 단순한 요약이나 정리에 머무르지 않고, 새로운 시각을 제안하는 글이 된다. 이처럼 '편집자형 필자'로 불리는 그는, 단행본만도 200권 이상 출간한 것으로 유명하다. 이 방대한 저작량은 그가 얼마나 꾸준히 자료를 수집하고, 그것을 재해석하는 데 능숙한지를 보여준다. 창작보다는 큐레이션, 발화보다는 조율에 가까운 그의 글쓰기는 오히려 현대적 정보 환경에 더 적합해 보이기도 한다. 글쓰기란 반드시 무(無)에서 유(有)를 만들어 내는 창조가 아닐 수도 있다는 점을 그는 실천적으로 증명한 셈이다.

한편, 소설가 김훈은 다른 방식으로 '팩트'에 집착한다.

그는 어느 인터뷰에서 "내 서재엔 이제 백과사전과 도감 종류의 책만 남겨 두었다."고 말했다. 스스로를 '팩트주의자'라고 부르며, 글쓰기에 있어서 가장 중요한 것은 정보의 정확성과 배열의 논리성이라고 강조한다. "정보와 사실이 많고 그것이 정확해야 하며, 그 배열이 논리적이고 합리적이어야 한다."는 그의 말은 단순한 선언이 아니다. 실제로 그의 글에서는 팩트가 하나의 문장 안에서 아름답게 변형되고, 문학적인 형상화로 승화된다.

그는 소설을 쓰더라도, 허구가 아닌 사실 위에 쌓아 올린다고 말한다. 그의 대표작 『칼의 노래』는 역사적 사실을 바탕으로 집필되었으며, 그 치밀한 고증과 세부 묘사로 독자들에게 높은 신뢰를 얻었다. 팩트는 단지 자료의 열거가 아니라, 세계를 구조화하고 깊이를 만들어 주는 재료라는 점에서 그는 스타일리스트이자 기록자다. 무심한 듯 보이는 문장에서도 치열한 탐색과 고뇌가 느껴지며, 감정보다 정보가 더 뚜렷하게 흐른다. 그의 글은 말하자면 '팩트의 미학화'다.

『씨네21』의 편집장 주성철도 글쓰기에서 '팩트'가 갖는 힘에 대해 강조한다. 그는 "기자나 작가나 결국 취재가 근본이다."라고 말한다. 기자의 글이든 작가의 글이든, 현실과의 접점을 통해 완성된다는 점에서는 같다는 것이다. 그는 후배 기자들에게 "그냥 쓰지 말라."고 당부한다. 어떻게 써야 할지 모르겠다면 관련 자료부터 찾아보라는 것. "우리 때는 인터넷도 없었어."라는 농담 섞인 말과 함께, 그 시절에는 도서관과 신문 스크랩, 직접 전화 취재가 유일한 방법이었음을 회고한다. 그는 글쓰기를 두고 이렇게 요약한다. "침대가 과학이듯, 팩트가 곧 감정이다." 이 말은 언뜻 보면 아이러니하게 들리지만, 사실 깊은 통찰이 담겨 있다. 독자가 글에 감정을 이입하려면, 그 글이 믿을 만해야 하며, 그 믿음을 만드는 것은 바로 팩트다.

세 사람의 글쓰기 방식은 달라 보이지만, 공통적으로 '자료'와 '정보'의 중요성을 말하고 있다. 주성철은 이렇게 말하기도 했다.

"나 역시 글쓰기가 막막할 때면 가장 먼저 하는 일이 자료를 모으는 일이다. 어떤 사건에 대해 글을 쓰기로 결심하면, 손부터 움직인다. 제주 4·3과 관련된 간첩 조작 사건 피해자 인터뷰 기사를 쓸 당시, 나는 김효순의 『조국이 버린 사람들』, 현기영의 『순이 삼촌』을 비롯해 그 사건을 다룬 다양한 논문과 보고서들을 섭렵했다. 관련 언어를 익히고, 시대의 공기를 체화해야 비로소 한 문장을 쓸 수 있을 것 같았기 때문이다."

정보는 단순히 '재료'가 아니다. 자료가 쌓이면 생각이 생기고, 생각이 생기면 글이 흘러나온다. 글은 감각만으로 쓰는 것이 아니다. 감각은 문장의 분위기를 만들지만, 구조와 맥락은 정보가 만든다. 글의 깊이는 결국 자료의 깊이와 비례한다. 누군가 "글이 안 써진다."고 말한다면, 작가들은 대개 이렇게 대답할 것이다. "자료부터 찾아봐. 찾아서 정리하다 보면 뭔가가 떠오를 거야." 막막한 글쓰기의 탈출구는 대개 자료에 있다.

대개 감각적인 문장력보다 탄탄한 정보가 글을 살린다. 문장은 정보를 품고 있어야 설득력을 가진다. '쓰기'는 창의의 영역이기도 하지만 동시에 '조사'와 '탐색'의 과정이다. 자료가 글을 무겁게 만드는 것이 아니라, 오히려 자유롭게 만든다. 오랜 시간과 노력을 들여 축적한 정보는 글을 쓸 때 확실한 토대가 된다. 자료는 글쓰기의 밑그림이자 길잡이다. 정보 없이 감각만으로 글을 쓰는 건, 나침반 없이 항해를 하는 것과 다르지 않다.

글쓰기의 본질은 스타일과 메시지, 감각과 팩트의 균형에 있다. 그러나 그 균형은 감각에서 시작되는 것이 아니라, 자료에서 시작된다. 자료를 모으는 행위는 글쓰기를 가능하게 만드는 가장 실질적인 준비다. 자료가 충분할 때 글쓰기는 더 이상 고통이 아니다. 자료가 글을 밀어주고, 이끌어 주며, 끝내 완성시켜 준다. 글쓰기의 진짜 출발점은 자료다.

CHAPTER 3

# 글쓰기 연습법

# 명문장
# 노트 만들기

●

"글쓰기를 잘하는 방법에 대해 많은 이들이 이야기하는 것으로는 다독과 다작이 있다. 많이 읽고, 많이 써보라는 것이다. 이 책의 저자 역시 한때 글쓰기 열병을 앓으면서 수천 권의 책을 읽었고, 수없이 습작을 했다. 그래서 현재는 30여 권의 책을 출간했고 신망받는 글쓰기 강사가 되었다. 많이 읽고 많이 써보는 것이 어느 정도는 효과가 있었던 셈이다. 그런데 저자는 자신이 한발 한발 걸어온 그 과정을 돌이켜보면서 그 기간을 단축할 수 있는 지름길이 있음을 발견했다. 무작정 읽고 써보는 것이 아니라, 좋은 문장을 읽으면서 자신의 생각을 더해 따라 쓰는 것이라는 점이었다. 저자는 자신이 명언 중독자에 가깝다고 입버릇처럼 말한다. 책을 읽다 좋은 구절을 만나면 반드시 따로 메모해두고 며칠에 걸쳐 음미했다. 그럴수록 작품의 속내를 더 깊이 들여다볼 수 있었고, 그 문장의 구성이 머릿속에 저절로 남게 됐다. 명문장이 비로소 내 것이 되어 내 손끝에서 살아나는 것이다. 저자는 이 방법을 '문장 훔치기'라 말한다."

안상현, 『글도둑』

〈법정 스님의 의자〉라는 다큐멘터리가 방영된 적이 있다. 법정 스님이 돌아가신 후 스님의 삶을 돌아보고자 하는 의도에서 기획된 다큐멘터리였다. 다큐멘터리는 임성구 영화감독이 법정 스님 고향 해남으로 내려가 그의 어린 시절을 되짚어 보는 것으로 시작되었다. 스님의 어린 시절 친구들은 하나 같이 스님이 책 읽는 걸 무척 좋아하셨다고 말했다. 스님은 책을 읽을 뿐 아니라 마음에 남는 문장을 노트에 따로 모아두기도 하셨는데, 스님이 대학을 졸업할 즈음에는 그 노트가 허리 높이까지 쌓였다고 증언했다.

스님은 대표 에세이집, 『무소유』를 통해서 대중에 알려졌지만, 사실 『무소유』를 펴내기 훨씬 전부터 남다른 필력으로 불교계에서 이름을 날렸다. 스님은 이미 서른 살쯤부터 『불교신문』의 주필을 맡아 불교계의 여러 문제에 대해서 날카로운 일침을 날렸다. 스님은 입적하시기 전까지 100여 권에 달하는 책을 남겼는데, 스님의 필력은 그의 독서와 문장 수집에서 비롯되었을 것이라는 걸 어렵지 않게 짐작할 수 있다.

『일기를 에세이로 바꾸는 방법』 등 8권의 책을 쓴 이유미 작가의 본업은 카피라이터이다. 그녀는 카피라이터 일을 더 잘하기 위해서 열심히 읽고, 읽은 책에서 좋은 문장을 모아두었다. 그녀는 소설 읽기가 취미인데, 소설을 읽다가 좋은 문장을 만나면, 그걸 모아두었다가 카피를 쓰는 데 활용했다고 한다. 그렇게 모아둔 문장이 많아지면서 그녀는 책을 쓰기에 이르렀다. 그녀의 작가 이력은 독서와 문장 수집에서 비롯된 것이다.

 나도 비슷한 과정을 거쳐 글쓰기를 단련할 수 있었다. 내 독서는 고등학교 시절부터 시작되었다. 입시 준비만으로도 심신이 고단한 시절에 난 강박증과도 사투를 벌여야 했다. 사투(死鬪)라고 하니 '과장이 심하다'여길 사람도 없지 않겠지만, 그 시절 내가 겪은 고통을 하루라도 경험해 본다면 내가 하는 말이 과장이 아니라는 것을 알게 될 것이다. 신경정신과도 다녀보고, 교회도 다녀보고, 알만한 사람들에게 상담을 받아봐도 강박증의 고통은 해결되지 않았다. 절망의 한가운데 마지막 희망을 품고 난 온갖 책을 집어 들었다. 처음에는 그냥 읽기만 했는데, 어느 순간 읽은 책의 좋은 구절을 정리하는 습관이 생겼다. 좋은 구절을 적어 놓았더니, 그걸 자꾸 들추어 보게 되었다. 이런 식으로 문장과 글쓰기에 대한 감을 터득했고, 글을 보는 눈이 예민해졌다.

대부분의 작가들이 이런 과정을 거쳐서 글쟁이가 되지 않았을까? 작가 중에 다독가가 아닌 사람이 있던가? 작가 중에 읽은 책의 문장을 메모하지 않는 사람이 있던가? 그들은 일단 많이 읽는다. 그리고 옮겨 적으면서 다시 한번 읽고, 적어놓은 걸 들여다보면서 또 한 번 읽는다. 이런 식으로 작가들은 자기 안에 문장을 쌓고, 이런 과정을 통해서 문장과 글에 대한 감각을 터득한다.

좋아하는 문장을 모아두면 그걸 자꾸 들여다보게 된다. 좋아하는 문장이다 보니 머릿속에 잘 들어오고 오래 남는다. '타이핑'하여 파일로 남겨둔 경우라면 활용성이 더 높다. 인쇄하여 노트를 만들 수 있을 뿐 아니라, '텍스트'를 음성으로 바꾸어 주는 프로그램을 활용하여 음성 파일로 만들어서 들을 수 있다. 일종의 귀로 하는 필사를 할 수 있다는 말이다. 손으로 쓰는 필사는 시간과 공간의 제약이 많지만, 귀로 하는 필사는 제약이 덜하다. 손으로 하는 필사에 비해서 힘이 덜 들기 때문에 자꾸 하게 될 가능성이 높다.

대학 시절 좋아하던 후배가 있었다. 그 여자아이가 너무 마음에 들었던 나머지 난 그 아이의 일거수일투족에 온 신경을 기울였다. 그 아이의 표정 하나, 손짓 하나, 그 모든 것이 큰 의미가 되었다. 하루는 도서관 서고에서 책을 고르고 있었는데, 도서관 저편에서 기침 소리가 들렸다. 난 그 기침 소리가 그 아이의 기침 소리임을 알았다. 이렇듯 우리가 어떤 대상에 몰입하면 우리가 몰입하는 대상이 우리 안으로 깊이 들어오고 그 대상을 깊이 알게 된다. 문장에 대한 사랑도 마찬가지다. 우리가 문장을 사랑하면 우리가 사랑하는 문장이 우리 안으로 깊이 들어온다. 그렇게 우리 안에 문장들이 쌓이고 또 쌓이면 우리가 쓰는 글이 달라진다.

한 문장 쓰는 것도 힘들어하는 사람들이 의외로 많다. 문장 수집은 특히 이런 사람들에게 유익하다. 지침이 되는 수많은 문장을 마음에 품고 있으면 문장에 대한 감각이 저절로 길러진다.

# 일기라고
# 무시하지 말자

•

"『나의 아름다운 정원』과 『사랑이 달리다』의 저자이자 내가 가장 존경하는 작가이기도 한 심윤경은 무려 분자생물학과를 전공했다. 대부분 소설가들이 국어국문학과나 문예창작과 출신이고, 경영학과를 나온 김영하 씨 정도가 예외로 여겨지는 판국에, 이과에다 그것도 분자생물학과라니 신기하지 않은가. 언젠가 심 작가에게 물었다. 어떻게 해서 글을 그리도 잘 쓰게 된 거냐고."

"저는 일기 이외에 따로 글쓰기 훈련을 한 적이 없어요."

서민, 『서민적 글쓰기』

    심윤경 작가의 대답은 의외였지만, 곰곰이 생각해 보면 일리가 있다. 일기는 누구에게도 보여줄 필요가 없는 글이기에, 역설적으로 가장 솔직한 글이 된다. 문장을 다듬고 꾸미려는 욕심보다는 오늘 하루 겪은 일, 느낀 감정, 떠오른 생각을 있는 그대로 써 내려가게 된다. 이런 과정이 매일 반복되면 자신만의 문체가 자연스럽게 만들어진다. 거창한 글쓰기 이론이나 기교를 배우지 않아도, 매일 자신의 언어로 세상을 기록하다 보면 어느새 글이 손에 익는다.

게다가 일기 쓰기는 관찰력과 사유의 깊이를 길러준다. 일기를 쓰기 위해서는 하루를 돌아봐야 하고, 그날의 사건들을 곱씹어야 한다. 사소해 보이는 일상의 순간들이 일기장에 기록되는 순간, 그것은 더 이상 사소하지 않은 의미 있는 경험이 된다. 작가에게 필요한 것은 특별한 경험이 아니라, 평범한 경험 속에서 의미를 발견하는 눈이다. 일기 쓰기는 바로 그 눈을 뜨게 해주는 가장 좋은 훈련이다.

앙리 프레드릭 아미엘은 프랑스계 스위스 철학자였다. 제네바 대학에서 미학과 철학을 가르쳤던 아미엘은 여러 권의 시집과 평론서를 냈음에도 거의 주목받지 못했다. 그가 세계적인 명성을 얻은 것은 죽고 나서였다. 죽은 후에 그가 쓴 일기가 발견되었는데, 무려 1만 7천 페이지에 달했다. 삶에 대한 깊은 성찰이 가득하면서도, 문학적으로도 훌륭했던 그의 일기는 『아미엘의 일기』라는 책으로 엮어졌다. 톨스토이는 『아미엘의 일기』에 '지상 최고의 일기'라는 헌사를 바쳤고, 피천득은 '맑고 순수한 영혼과의 대화'라고 극찬했다. 우리에게는 낯설지만 『아미엘의 일기』는 유럽에서 일기문학의 정수로 꼽힌다.

『1등의 책쓰기 습관』에는 일기 쓰기만으로 글쓰기 능력을 향상시킨 사례가 나온다. 저자 고수유는 출판사에 근무할 때, 지방에서 운수업을 하는 60대 대표의 출판 작업을 맡았다. 초등학교 졸업 학력이 전부인 그 회장은 버스 100여 대를 보유한 기업체의 대표였는데, 지방 구청장 선거에 출마할 요량으로 책을 내려고 하고 있었다. 그 회장으로부터 자료로 넘겨받은 일기를 보고, 고수유는 깜짝 놀랐다. 일기가 마치 잘 써진 시 같았기 때문이다. "시를 따로 배우셨냐?"는 물음에 "따로 배운 적은 없고, 20년간 일기를 꾸준히 써 왔을 뿐이다."라는 대답이 돌아왔다.

오바마 대통령은 『타임지』와의 인터뷰에서 백악관 8년을 버틴 비결이 일기 쓰기에 있다고 고백했다. 오바마는 어린 시절부터 일기를 써 왔는데, 일기 쓰기는 그를 훈련시키는 조련사였고, 편한 친구였다고 한다. 일기 쓰기가 엉킨 생각의 타래를 풀어 준다고도 했다. 방송인 오프라 윈프리는 성공하면서 명성과 부를 쌓았지만, 그녀의 삶이 오히려 불행해졌다고 여겼다고 한다. 갑작스런 성공으로 기쁨을 느낄 시간조차 없는 바쁜 사람이 되어 있었기 때문이다. 이때부터 그녀는 감사일기를 쓰기 시작한다. 감사일기를 쓰면서 가지지 못한 것을 욕망하기보다는 이미 가지고 있는 것에 집중하고 감사하기 시작하며 삶이 바뀌었다. 오프라는 자신의 성공 비결로 감사일기 쓰기를 꼽는다.

글쓰기 초보자들에게 중요한 것은 일단 꾸준히 쓰는 것이다. 그런데 꾸준히 쓰는 일이 생각보다 쉽지 않다. 무슨 소재와 주제로 매일 글을 쓴다는 말인가? 하지만 일기 쓰기는 쉽게 시작할 수 있다. 글쓰기 중에서 가장 편하게 접근할 수 있는 게 일기 쓰기이다. 특별한 형식이 없는 데다가 우리는 이미 일기를 써 본 경험이 있다. 정해진 분량도 없고 특정한 주제에 대해서 써야 하는 것도 아니다. 기본적으로 공개를 위한 글이 아니므로, 다른 사람들의 평가에 대한 부담도 없다.

일기를 쓰면 삶의 밀도가 높아진다. 일기를 쓰지 않는 사람들은 한 번 살지만, 일기를 쓰는 사람들은 두 번 산다. 하루를 다시 한번 더 돌아보기 때문이다. 삶도 마찬가지다.

일기를 쓰면 그렇지 않은 사람들보다 삶을 깊게 들여다보게 된다. 일기를 쓰면서 얻은 성찰은 고스란히 삶을 살아가는 지혜의 밑거름이 된다.

일기는 가장 편하고 만만하게 접근할 수 있는 글쓰기 장르이다. 하지만 일기 쓰기의 효과는 가볍게 볼 수 없다. 꾸준히 쓰기만 한다면 일기 쓰기만으로 글쓰기의 정점에 오를 수도 있고, 일기 쓰기만으로 소설가가 될 수도 있다. 일기가 책이 되기도 하고 마음의 위안이 되기도 한다. 글쓰기를 시작하고 싶은데 어디서부터 시작해야 할지 막막한 사람은 일기부터 쓰면 된다. 혼자만을 위한 일기 쓰기가 지루하다고 느낀다면 적당히 내용을 걸러서 SNS에 올려도 좋다. 누군가 내가 쓴 글을 읽는다는 사실은 기분 좋은 자극이 된다. 공감이나 댓글이 달리는 재미도 쏠쏠하다.

# 눈에 보이는 걸
# 쓰면 쉽다

●

"나는 어떤 학교의 어린이들에게 이렇게 말한다. '매일 큼지막한 공책에다가 글을 몇 줄씩 쓰십시오. 각자의 정신 상태를 나타내는 내면의 일기가 아니라, 그 반대로 사람들, 동물들, 사물들 같은 외적인 세계 쪽으로 눈을 돌린 일기를 써보세요. 그러면 날이 갈수록 여러분은 글을 더 잘, 더 쉽게 쓸 수 있게 될 뿐만 아니라 특히 아주 풍성한 기록의 수확을 얻게 될 것입니다.'"

미셸 투르니에, 『외면일기』

많은 사람들이 일기를 쓸 때 자신의 내면을 들여다보려 한다. 오늘 무슨 일이 있었고, 그때 무슨 생각을 했고, 어떤 감정을 느꼈는지를 쓴다. 물론 이런 내면 관찰도 중요하다. 하지만 매일같이 자신의 내면만 들여다보는 일은 쉽지 않다. 특히 글쓰기 초보자에게는 더욱 그렇다. 내면을 들여다

보고 그것을 언어로 표현하는 일은 생각보다 어렵고 부담스러울 수 있다.

미셸 투르니에가 제안하는 '외면일기'는 이런 부담을 덜어준다. 내면이 아닌 외부 세계로 눈을 돌리라는 것이다. 내 마음속을 들여다보는 대신, 내 주변의 사람들, 동물들, 사물들을 관찰하고 기록하라는 것이다. 이 방법은 글쓰기 초보자들에게 특히 유용하다. 눈에 보이는 것을 있는 그대로 쓰면 되기 때문에 무엇을 써야 할지 막막해하지 않아도 된다. 그리고 이런 훈련을 꾸준히 하다 보면 관찰력도 날카로워지고, 표현력도 자연스럽게 늘어난다.

일기 쓰기조차 어려워하는 아이들이 있다. 일기 쓰기를 어려워하는 아이들은 하나같이 말한다. "쓸 게 없어요." 초등학교 선생님이자 『살아 있는 글쓰기』의 저자 이호철 선생님은 이런 아이들에게 '보이는 대로 쓰기'를 권한다. 방법은 간단하다. 일단 쓰고 싶은 대상을 정한다. 대상을 정하면 그걸 자세하게 관찰한다. 실내화면 실내화, 연필이면 연필, 대상을 자세하게 관찰하면서 보이는 대로 글을 쓴다. 가령 이런 식이다.

"내 연필은 30㎝ 자보다는 짧다. 한쪽 끝에는 지우개가 달려 있는데, 지우개는 분홍색이다. 분홍색 지우개는 원통형이고, 끝이 조금 닳았다. 지우개는 원통형이지만, 연필은 육각기둥 모양이다. 전체적으로는 분홍색이지만, 둘리 그림이 몇 개 그려져 있다. 친구들 연필은 연필깎이로 깎아서 보기 좋지만, 내 연필은 칼로 깎은 까닭에 예쁘지 않다."

성인들 중에도 일기 쓰기를 어려워하는 사람들이 있다. 그런 사람들도 '보이는 대로 쓰기'를 시도해 볼 수 있다. 아무거나 눈에 보이는 걸 쓰면 되지만, 사람에 대해서 쓰면 좀 더 흥미롭게 글쓰기를 할 수 있다. 마치 정물을 놓고 데생을 하면서 그림 연습을 하듯, 사람을 관찰하면서 글쓰기 연습을 할 수 있다.

집에 있다면, 가족을 관찰하면서 글쓰기를 할 수 있다. 아내가 무슨 머리를 했는지, 화장을 얼마나 했는지, 입술에는 무슨 색을 발랐는지, 상의는 뭘 입었는지, 하의는 뭘 입었는지 등에 대해서 쓸 수 있다.

밖으로 나갈 수도 있다. 글을 쓰기에는 카페가 좋다. 카페에는 늘 많은 사람들이 있고, 그중에는 내 흥미를 끄는 사람이 있게 마련이다. 한 번 들어오면 보통 1시간 정도는 머물다가 가고 게다가 같은 자리에 머물다 가니 글쓰기에 유리하다. 적당한 사람을 물색해서 글쓰기를 진행하면 된다. 오해받지 않을 만큼만 관심을 기울이면서 말이다.

이미지 검색으로 글쓰기를 할 수도 있다. 구글에서 마음이 가는 단어를 쳐 넣고, 검색을 한다. 그리고 눈에 띄는 사진을 하나 정해서 그 사진에 대해서 쓴다. 난 주로 'face'라는 검색어를 입력한다. 'face'라는 검색어를 입력하면, 수많은 사람들의 얼굴이 뜬다. 그중 눈에 띄는 얼굴을 하나 정하고, 그 사람의 성격, 직업, 사는 곳 등을 짐작하는 글을 쓸 수 있다. 'people'이라는 검색어를 입력하면, 한 장에 여러 사람 얼굴이 한꺼번에 뜬다. 그중 한 사람에 대해서 쓸 수도 있고, 몇 사람에 대해서 쓸 수 있다.

눈에 보이는 걸 쓰다 보면 생각이나 느낌도 간간이 올라온다. 그러면 그것도 쓰면 된다. '외면일기'의 장점은 크게 두 가지다. 첫째는 글쓰기 초심자의 부담감을 덜어 준다는 것이고, 둘째는 매번 쓸 거리를 찾아야 하는 수고스러움을 덜어 준다는 것이다. 유명한 화가들도 처음에는 정물을 갖다 놓고 그걸 스케치하면서 그림을 익힌다. 글을 처음 쓰는 사람들도 어떤 물건을 묘사하면서 글쓰기를 연습할 수 있다. '애들이나 하는 방법'이라고 머쓱해할 필요 없다. 눈에 보이는 걸 스케치하듯 써 보자.

# 머릿속에 떠오르는 걸
# 자유롭게 쓰자

•

자동기술(Automatic Writing), 즉 의식하거나 판단하는 과정 없이 단어를 쏟아내는 방법이 창조적 과정의 시발점이 된다는 점은 잘 알려져 있다. 이렇게 쏟아낸 단어는 나중에 얼마든지 쓰레기통에 던져버릴 수 있다. 누군가에게 털어놓아야 할 필요는 전혀 없다. 자동기술의 사회적인 형태가 브레인스토밍(Brainstorming)이다. 바보같이 보일지 모른다는 걱정을 접어두고 떠오르는 아이디어를 마음껏 공유하는 것 말이다. 자동기술의 치료적 형태는 자유연상법인데 무의식적 재료를 자유롭게 끄집어내도록 해준다.

스티븐 나흐마노비치, 『놀이, 마르지 않는 창조의 샘』

모닝페이지란 소설가이자, 시인, 시나리오 작가, 영화감독인 줄리아 카메론이 자신의 저서 『아티스트 웨이』에서 소개한 글쓰기 방법으로 창조성 회복을 목표로 한다. 이혼의 아픔과 알코올 중독을 극복하고, 다재다능한 아티스트로 다시 태어난 저자가 자신과 비슷한 어려움을 겪고 있는 다른 아티스트들에게 도움을 주고자 고안한 글쓰기법이다. 모닝페이지는 아침에 일어나자마자 책상에 앉아서 머릿속에 떠오르는 생각을 자유롭게 글로 쓰는 것을 말한다.

 모닝페이지 쓰기는 엄밀한 의미에서 글쓰기가 아닐지도 모른다. 말이 되든 안 되든 상관없이 머릿속에 떠오르는 걸 마구 적으면 그걸로 충분하니 말이다. 쓸 말이 안 떠오르면 '쓸 말이 없다.'고 쓴다. 머릿속이 복잡하면 그냥 '머릿속이 복잡하다.'라고 쓴다. 중요한 건 계속해서 마구 쓰는 거다. 그렇게 꾸준히 모닝페이지를 쓰고 난 후 시간이 흐른 후에 그 원고를 다시 들여다본다. 자기가 봐도 무슨 말인지 도통 알 수 없는 내용이 대부분이겠지만, 간혹 '내가 어떻게 이런 생각을 할 수 있었을까?' 싶은 신통한 아이디어도 있게 마련이다. 그런 걸 모아서 또 글을 쓸 수 있다.

 모닝페이지 쓰기는 흡사 어부가 무작정 바닷속에서 조개를 퍼 올려서 그중에서 진주를 찾는 것과 같다. 다이아몬드를 캐기 위해서 무작정 갱을 파는 것과도 같다. 모닝페이지 쓰기는 혼자 하는 브레인스토밍이다. 모닝페이지 쓰기는 아티스트들의 창의성 계발을 위한 도구이지만, 창의성 계발 외에도 다른 부수적인 효과도 많다.

 '오늘은 모닝페이지나 좀 쓰자.'고 마음먹으면, 일단 마음이 편해진다. 마음을 편하게 먹으면, 컴퓨터 앞에 앉을 가능성이 높아진다. 책상에 앉아서 컴퓨터를 켜야 뭐든 쓸 가능성이 높아지는데 글쓰기가 부담스러우면 책상에 앉는 것도 어렵다. 이럴 때 '오늘은 그냥 모닝페이지나 좀 끼적이자.' 하고 마음먹으면 책상에 앉을 가능성이 높아진다. 일단 책상에 앉기만 하면 뭐든 좀 쓰게 마련이다.

 흔히 글쓰기를 거창하게 생각한다. '장문의 미문을 써야 한다.'고 생각하는 경우가 많다. 그러면 어깨에 힘이 들어가고, 글이 잘 안 나온다. 지나치게 긴장해서 더 잘할 수 있는 일은 없다. 모닝페이지를 쓰는 데는 생각이 거의 필요 없고, 잘 써야 한다는 부담도 없다. 그러니 편하게 자판을 두드릴 수 있다. 글을 잘 쓰기 위해서는 꾸준하게 오래 써야 하는데, 꾸준하게 오래 쓰기 위해서는 글쓰기를 편하게 생각할 필요가 있다. 모닝페이지를 쓰다 보면, 컴퓨터에 앉아서 자판 두드리는 일이 편안해진다.

자판을 치다 보면, 글쓰기 엔진에 시동이 걸린다. 애초에 글쓰기를 하고 싶지 않았더라도 '모닝페이지'를 쓰다 보면 일기라도 쓰고 싶고, 갑자기 쓰고 싶은 글이 떠오르기도 한다. 뇌 과학에 따르면 부담 없이 손가락을 마구 움직이다 보면 뇌도 따라 움직이는데 이때 뇌가 자극된다.

"자유롭기 시작하면 저절로 작가 교육이 시작된다. 흔히 교육은 아주 도전적으로 시작된다. 이때 나는 서슴없이 이런 의문스러운 말을 던진다. 글쓰기 첫 단계에서는 생각이 쓸모없습니다." 『누구나 글을 잘 쓸 수 있다』의 저자 로버타 진 브라이언트의 말이다.

연습도 하지 않고 실전경기를 하는 스포츠는 세상에 없다. 먼저 기본기를 쌓고 충분한 연습을 한 후에야 비로소 실전경기를 치를 수가 있다. 글쓰기도 마찬가지다. 글쓰기 초심자가 먼저 해야 할 일은 '글쓰기'가 아니라, '글쓰기 연습'이다. '모닝페이지' 쓰기는 훌륭한 '글쓰기 연습'이 될 수 있다. 편한 마음으로 일단 책상에 앉아서 뭐든 써 보는 연습부터 하자.

# 메모하지 않는
# 작가는 없다

●

"메모를 쓰다 보면 글이 점점 늘어난다. 급기야 한 편의 글로 바뀐다. 이런 글쓰기는 자연스럽게 매체 기고로 이어진다. 그러면서 글쓰기에 익숙한 삶으로 전환된다. 습관치고는 대단한 영향력을 발휘하는 셈이다. 그러니 처음부터 작정하고 쓰지 마라. 단지 즐겁게 메모하다 보면 점점 글의 양이 늘어난다. 그러면 '쓰기'라는 매력적인 세계에 빠지지 않을 수 없다."

서정현, 『100년 뒤에도 변치 않을 가장 인간적인 4가지 도구의 힘』

맨부커상을 받은 작가 이언 매큐언은 메모광이었다. 그는 생각날 때마다 스케치를 하고, 메모를 한다. 그의 소설은 메모를 바탕으로 탄생했다. 『데미안』으로 노벨 문학상을 수상한 헤르만 헤세도 메모광이었다. 그는 심지어 달력과 편지봉투에도 메모를 했다. 『눈물의 왕』을 쓴 작가 이평

재는 언제나 수첩을 지니고 다닌다. 그는 메모들 중에서 이야기가 될 만한 것을 고르고, 살을 붙여 하나의 소설을 완성한다. 그는 평소 모든 일에 안테나를 세운다. 주부들의 수다에서부터 산책하는 부부에 이르기까지, 삶에서 일어나는 모든 일이 메모의 소재가 된다. 소설가 김중혁도 메모에 공을 들인다. 그는 "내 글 공장에서 가장 중요한 작업장은 매일 산더미처럼 밀려오는 재료들을 사용하기 좋게 절단하고 분류하는 일."이라고 했다.

송숙희 씨는 글쓰기에 관한 책만 20권도 넘게 출간한 글쓰기 코치다. 그녀는 글쓰기를 김장하기에 견주었다. 김장은 초겨울 한때의 이벤트일 뿐이지만, 김장의 고수들은 적어도 석 달 전부터 좋은 배추를 수배하고, 고춧가루, 젓갈, 육수용 황태, 생강 등도 미리 준비한다. 맛있는 김장을 위해서 1년 동안 준비한다. 그녀에 따르면 글쓰기는 김장하기와 다르지 않다. 글을 쓰는 사람들은 글쓰기재료를 미리 준비한다. 책이나, 신문을 읽으면서, 혹은 드라마나 영화를 보면서 재료를 모아 둔다. 여유가 있을 때 미리 재료를 찾아 두지 않으면 급하게 찾게 되고 급하게 찾게 되면 시야가 좁아져서 뻔한 자료로 뻔한 이야기를 하게 된다.

루트번스타인의 『생각의 탄생』은 예화, 연구 결과, 인용 등의 자료로 가득한 책이다. 자료로만 책 1권을 썼다고 해도 틀린 말이 아닐 정도다. 이 책은 좋은 자료를 확보해 두는 일이 얼마나 중요한지 잘 보여 준다. 미래학자 앨빈 토플러는 『미래 쇼크』를 쓰는 데 359권, 『제3의 물결』을 쓰는 데 534권, 『권력이동』을 쓰는 데 580권을 인용했다. 수많은 책에서 뽑아낸 자료가 아니었다면, 그는 저서들을 완성하지 못했을 것이다. 톨스토이는 『전쟁과 평화』를 쓰는 데 작은 도서관 하나에 맞먹는 책을 참고했다.

글쓰기는 요리와 닮은 점이 많다. 라면 하나를 끓이더라도 평소 냉장고에 대파, 청양고추, 계란 등의 재료가 갖추어져 있다면 훨씬 맛있게 끓일 수 있다. 글쓰기에 필요한 자료를 많이 확보하고 있다면 글을 더 맛깔스럽게, 다양하게 쓸 수 있다.

글쓰기는 레고 만들기와 닮았다. 다양한 종류의 레고 조각이 있으면 모양을 더 세밀하게 만들 수 있다. 글을 쓰기 위한 자료를 모아 두는 일은 글쓰기에 필요한 다양한 모양의 레고 조각을 쌓아 두는 것과 흡사하다. 자료를 많이 모아 두면 마음이 느긋해진다. 적당한 조각을 고를 수 있는 안목만 있으면, 좋은 글을 쓸 가능성이 높아진다.

메모가 쌓여 가면 그 사람은 글쟁이가 될 가능성이 높아진다. 우리가 꾸준히 글을 쓰지 못하는 이유는 매번 쓸거리를 찾는 일이 그리 호락하지 않기 때문이다. 수많은 메모는 이와 같은 고민을 단번에 해결해 준다. 메모를 들춰 보다 보면 쓸거리가 생긴다. 대부분의 작가들이 메모광인 것은 다 그럴 만한 이유가 있는 것이다. 양질의 메모가 쌓이면 글재주가 못한 사람도 좋은 글을 쓸 수 있게 된다.

"자료 없이 글을 쓸 수 있는 사람은 없다. 경험 없는 초보 작가들이 저지르기 쉬운 큰 실수 중 하나는 충분한 자료를 모으지 않고서도 용감하게 초고를 시도한다는 점이다. 어떤 주제든지 성공적인 글을 쓰기 위해서는 먼저 많은 재료를 갖춰야 한다. 빈약한 재료보다는 풍부한 재료를 두고서 글을 쓰는 것이 훨씬 더 쉽다. 재료가 풍부하다면 그 많은 것 중에서 가장 좋은 것을 고르기만 하면 된다." 『하버드 글쓰기』의 저자 바버라 베이그의 말이다.

처음부터 글을 쓰려고 하지 말고, 메모부터 하는 것도

방법이다. 메모를 자꾸 하다 보면 자기 글을 쓰고 싶은 순간이 온다. 그리고 언젠가는 반드시 자기 글을 쓰게 된다.

# 명언 신문기사를
# 활용한 글쓰기

•

"나는 책을 쓰면서 많은 명문장을 알아 놓는 것이 글쓰기에 얼마나 도움이 되는지 절감하게 되었고. 이후 명언을 열심히 옮겨 적었다. 그러다가 내 세 번째 책 『누구나 처음엔 걷지도 못했다』가 나왔다. 이 책의 원제목은 『명언. 삶에 답하다』다. 그렇다. 필사가로 변한 독서가는 작가, 글쟁이가 될 가능성이 매우 크다."

고영성, 『어떻게 읽을 것인가』

미국 건국의 아버지라고 일컬어지는 벤저민 프랭클린은 독서법으로도 유명한데 그 독서법이 사실 특별하지도 않다. 책을 읽으면서 명문장을 베껴 쓰고 그 밑에 자기 생각을 보태서 적으면서 글쓰기 연습을 했다. 『완공』으로 유명한 작가 고영성도, 자기계발 작가로 널리 알려진 안상헌 작가도 이와 비슷한 과정을 거쳤다고 한다. 그들은 책을 읽다가 좋은 문장을 만나면 베껴 적고, 베껴 적은 명문장을 읽다가 좋은 생각이 떠오르면 그걸 적는 과정을 반복했다. 그렇게 그들은 작가 대열에 합류했다.

비빌 언덕이 있으면 글쓰기가 훨씬 수월하다. 책을 읽으면서 모아 둔 명문장이나 명언집을 펼쳐 들고 읽다 보면 문득 내 안에 생각이 일어나는 것을 경험하게 된다. 명언, 명문장과 내가 만나서 생각이 일어나는 것이다. 짧으면 짧은 대로, 길면 긴 대로 그 생각을 쓰면 된다.

명문장이나, 명언을 읽으면서 하는 글쓰기는 그 자체로 훌륭한 독서일 뿐 아니라, 글쓰기 연습이다. 명문장이나, 명언은 대부분 정제된 문장인 경우가 많다. 책을 읽다가 밑줄 그은 문장을 모아 두어도 좋고 아니면 명언집을 하나 구입하는 것도 괜찮다. 인터넷 서점에서 검색하면 수없이 많은 명언집이 검색된다. 명언이란 무수한 세월 동안 살아남은 말이다. 명언은 수많은 사람들의 가슴을 흔든 글귀로 내 가슴도 울릴 가능성이 높다. 읽다 보면 뭔가 하고 싶은 말, 쓰고 싶은 말이 떠오른다.

가령, 다음과 같이 명언으로 글쓰기를 할 수 있다.

●

—— 명언: "먼저 실패하고, 자주 실패하는 사람이 가장 먼저 성공하고, 가장 크게 성공한다."

윈스턴 처칠

●

—— 내 생각 보태기: 어떤 걸 이루고자 하는 사람이 해야 할 일은 딱 하나다. 행동. 그런데 행동에 돌입하면 실패를 피할 수 없다. 실패 없이 바로 성공시킬 수 있는 일은 애초에 도전할 만한 가치도 없는 경우가 많다. 성취할 만한 일을 이루기 위해서는 많은 실패를 거쳐야 하기 마련이다. 실패에서 실패로 끈기 있게 나아가는 태도, 실패를 대수롭지 않게 여기는 태도가 성취를 만든다. 비관적인 사람들은 실패에 과도하게 민감하다. 실패인지 성공인지 애매한 것조차 실패로 받아들인다. 몇 번 실패하면 다시는 시도하지 않는다.

신문기사를 가지고도 같은 방법으로 글쓰기를 할 수 있다. 신문에는 온갖 사건 사고가 다 실려 있다. 신문을 들추다 보면 여러 가지 생각이 일어난다. 그 생각을 쓰면 글쓰기 연습이 된다. 꼭 종이신문을 구독해야 하는 건 아니다. 인터넷신문으로도 충분하다. 웹상에서 각 신문사별 기사를 읽다가 뭔가 하고 싶은 말이 생기는 기사를 만나면 그 기사를 가지고 글을 쓰면 된다. 기사의 필요한 부분만 복사를 해서 붙여 넣고, 자기 생각을 보태면 된다.

●

"사실 저는 명언 중독자에 가깝습니다. 책을 읽는 이유도 책에서 좋은 문장들을 찾아내기 위해서 읽는 경우가 많기 때문입니다. (…) 이렇게 책을 읽다 보니 자연히 책을 쓰게 되었습니다. 제가 쓴 책들의 많은 부분에서 명언 중독에 대한 흔적들이 남아 있습니다.『내 삶을 만들어준 명언노트』,『생산적 책읽기 50』,『살아갈 날들을 위한 통찰』등의 많은 책에서 명언들을 활용해 글을 썼습니다."

안상헌,『글도둑』

초등학생들에게 일기를 쓰라고 하면, "뭘 써요?"라는 질문이 돌아온다. 어른들의 경우도 크게 다르지 않다. 우리 안에는 이미 수많은 생각이 있다. 그걸 효과적으로 불러낼 수만 있다면 쓸거리가 없는 문제를 해결할 수 있다. 명언과 신문기사는 우리 안의 생각을 불러낸다.

# '메모리딩'으로
# 독서와 글쓰기를 동시에 잡자

●

"'메모리딩'은 책을 읽으면서 메모하는 독서법이다. 책을 읽으면서 중요하다고 생각되거나 인상적인 부분이 있으면, 그 부분을 발췌하여 노트에 옮겨 적는다. 그리고 그 부분에 대한 자신의 생각을 그 아래에 적는다. 이때 책에서 인용한 문장과는 쉽게 구분할 수 있도록 다른 색상의 펜으로 쓴다. 책을 다 읽으면 책 전체에 대한 감상을 간략하게 한 문장으로 적어둔다."

신정철, 『메모 습관의 힘』

글쓰기 능력이 성장하기 위해서는 많이 읽고 많이 생각하고 많이 쓰는 과정이 필요하다. 이 세 가지를 동시에 잡을 수 있는 간단한 방법이 있다. 책을 읽다가 뭔가 할 말이 생기면 그걸 노트에 베껴 적고 자기 생각도 보태는 것이다. 내용을 요약하거나 저자의 의견에 의문을 제기할 수도 있다. 신정철이 쓴 『메모 습관의 힘』이라는 책에서는 이 방법을 '메모리딩'이라는 이름으로 소개했다. 이는 간단한 방법이지만 글쓰기 능력을 기르는 데 효과적이다. 가령, 나는 『회사 말고 내 콘텐츠』라는 책을 읽다가 아래와 같이 '메모리딩'을 해 봤다.

---

▶ 책에서 베껴 쓴 부분

"메모된 아이디어가 완전한 것으로 착각한다. 하지만 그 아이디어를 글로 옮기려고 해보면 알게 된다. 생각의 빈틈이 있다는 사실을. 다른 사람에게 보여줘야 하는 글을 써보면 내가 생각한 아이디어의 빈틈, 부족한 부분을 발견하게 된다."

▶ 내 생각

맞는 말이다. 머릿속에 있을 때는 완벽해 보이는 아이디어도 그걸 글로 쓰다 보면 허점이 드러나는 경우가 많다. "글쓰기는 정확한 사람을 만든다."라고 하는데 그럴 수밖에 없다. 자기 생각을 지면에 옮기는 과정에서 자기 생각의 허점을 발견하고 좀 더 정교하게 다듬게 된다. 이를 통해 글 쓰는 사람은 점점 정확하고 정교한 사람이 되어 간다.

---

독서를 하는 중에 밑줄 친 부분을 옮겨 적고 자기 생각을 노트에 쓰는 일이 독서의 흐름을 끊을 수도 있다. 그렇게 생각된다면 일단 책의 여백에 자기 생각을 간단하게 적어 두는 방법도 있다. 책을 다 읽고 나서 밑줄 그은 부분을 베껴 쓰고 책 여백에 간단히 적어 둔 메모를 보면서 글쓰기를 한다.

밑줄 그은 부분을 베껴 쓰기가 번거로우면 스마트폰 스캐너를 활용하는 방법도 있다. 밑줄 친 부분을 캡처하면 스마트폰 스캐너가 밑줄 그은 부분을 텍스트 파일로 바꾸어 준다. 복사해서 워드프로세서에 붙여 넣기 하고 내 생각을 보태면 된다. 이처럼 스마트폰 스캐너를 이용해서 디지털화된 문서로 남겨 두면 나중에 다시 읽어 보기에도 좋고 다른 글을 쓸 때 자료집 역할도 한다. 키워드를 태그로 달아 두면 쉽게 검색할 수도 있다. 이런 측면에서는 디지털화된 문서 형식으로 '메모리딩'을 하는 편이 낫다.

'메모리딩' 하면 읽은 내용을 더 잘 기억하게 된다. 읽기만 할 때보다 읽은 걸 베껴 쓸 때 더 많이 기억에 남는다. 한번 읽고 던져 버린 책은 그 내용이 시간이 지나면 잊혀질 가능성이 크지만, 이렇게 밑줄을 긋고 자기 생각까지 보텔 경우 독서한 내용이 더 많이 기억에 남게 된다.

 책을 읽다가 밑줄을 긋고 자기 생각을 적어 넣는 일은 책과 대화를 하는 것과 같다. 저자가 일방적으로 말하고 독자는 듣는 방식이 아니라 저자의 의견에 독자가 자기 목소리를 보태는 일이다. 저자의 생각을 일방적으로 수용하는 게 아니라, 자기 생각을 표현함으로써 생각이 자란다. 글쓰기는 결국 생각 쓰기인데 이런 식의 독서는 글쓰기의 기초체력을 닦아 준다.

 독서와 글쓰기는 서로 연결되는 게 이상적이다. 글쓰기가 없는 독서는 남는 게 없기 쉽고, 독서가 없는 글쓰기는 부실해지기 쉽다. 독서와 글쓰기를 연결하는 방법으로 독후감과 서평 쓰기가 있지만, 글쓰기를 처음 시작하는 사람들에게는 쉽지 않다. 이에 비해 메모리딩은 누구나 쉽게 할 수 있다.

 밑줄 친 부분을 베껴 쓰는 메모리딩은 필사 효과도 있다. 베껴 쓰면서 1차 필사를 하고 내 생각을 쓰기 위해서 베껴 쓴 내용을 다시 읽으면서 또 한 번 머리에 남게 된다. 메모리딩은 쓸거리를 찾아야 하는 부담도 덜어 준다. 독서를 하다 보면 쓸거리가 저절로 생기기 때문이다. 메모리딩을 하게 되면 자료를 모으고 자기 관점을 키우는 일을 그냥 읽을 때에 비해서 적극적으로 하게 된다. 그래서 어떤 분야에 대해서 메모리딩을 충분히 한 사람은 책쓰기에 도전할 수도 있다. 책쓰기는 기본적으로 자료와 자기 관점을 토대로 하기 때문이다. 독서와 글쓰기를 동시에 잡고 싶은 사람들은 메모리딩을 적극 활용해야 한다.

# 사설을
# 이용한 글쓰기

●

문단분석 및 요약은 한 편의 글을 해체해서 각 문단이 무엇을 말하는지, 문단들이 어떻게 자연스럽게 이어지는지를 연구해보는 것이다. 많은 사람이 글쓰기를 어려워하는 것은 한 문장 한 문장 자체를 쓰지 못해서가 아니다. 문장과 문단이 어떤 흐름으로 이어져야 하는지에 대한 감을 못 잡기 때문이다. 따라서 하나의 완성 원고를 문단별로 쪼개어 도대체 이 작가가 어떻게 글을 전개하는지를 살펴보면 나름의 탈출구를 찾을 수 있다.

이남훈, 『필력』

이남훈의 조언은 글쓰기의 본질을 꿰뚫고 있다. 우리가 막막함을 느끼는 지점은 정확히 그곳이다. 문장 하나는 쓸 수 있다. 하지만 그다음 문장을 어떻게 이어가야 할지, 이 단락 다음에는 무슨 이야기를 해야 자연스러울지 알 수 없을 때 우리는 멈춰 선다. 마치 계단을 오르다가 다음 계단이 어디 있는지 몰라 발을 헛디디는 것과 같다. 문단 분석은 바로 그 보이지 않던 계단의 위치를 확인하는 작업이다. 다른 작가가 어떻게 계단을 놓았는지 살펴보면, 우리도 비슷한 방식으로 계단을 만들 수 있게 된다.

잘 쓰인 글을 문단별로 나누어 각 문단의 역할을 파악하다 보면, 글의 구조가 눈에 들어온다. 첫 문단에서 문제를 제기하고, 두 번째 문단에서 구체적 사례를 들며, 세 번째 문단에서 분석을 더하고, 마지막 문단에서 결론을 맺는 식의 패턴이 보이기 시작한다. 이런 패턴을 여러 글에서 반복해서 발견하다 보면, 자연스럽게 자신의 글에도 그 구조를 적용할 수 있게 된다. 글쓰기는 결국 모방에서 시작한다. 좋은 글의 뼈대를 파악하고, 그 틀을 빌려 자신의 이야기를 담아내는 연습을 반복하다 보면 어느새 자신만의 글쓰기 방식이 생긴다.

P&G사는 1페이지 보고서로 유명하다. 무슨 사안이든 1페이지로 요약한다. 1페이지짜리 보고서를 만들면서 직원 스스로 불필요한 사족을 덜어낸다. 스스로 핵심을 요약 정리하면서, 직원들의 커뮤니케이션 능력이 향상된다. 도요타

도 직원들에게 한 장짜리 요약본을 요구한다. 도요타는 모든 기획, 자료, 보고서 등을 한 장으로 압축 요약할 수 있다고 믿는다. 그렇게 하지 못하는 직원은 사고력, 응용력, 효율화 능력이 부족하기 때문이라고 생각한다. 도요타가 종이 한 장 요약을 고집하는 이유는 그를 통해 직원들의 종합적인 업무 능력을 향상시키고자 하는 의도이다.

요약능력은 업무뿐 아니라 글쓰기에도 중요하다. 요약훈련을 자꾸 하다 보면 독해력이 향상된다. 요약은 글의 뼈대를 발견하는 일이다. 글의 뼈대는 결국 글의 흐름이다. 요약 훈련을 자꾸 하다 보면 글의 흐름을 발견하는 능력이 향상되고 이는 결국 독해력의 향상으로 이어진다. 잘 쓰기 위해서는 잘 읽어야 한다. 독해능력은 좋은 글쓰기의 전제조건이다.

한 문장을 쓰지 못하거나, 한 단락을 쓰지 못하는 사람은 드물다. 글을 안 써 본 사람도 서툴게나마 한 문장이나 한 단락 정도는 쓸 수 있다. 글쓰기 초보자들을 막아서는 벽은 대체로 단락과 단락을 연결하여 하나의 글을 완성하는 일이다. 그러기 위해서는 단락과 단락을 논리적으로 연결하는 능력이 필요한데, 글쓰기 초보자들에게 이 일은 쉽지 않다.

 글을 요약하는 훈련을 하면 글쓰기에 필요한 논리력을 기를 수 있다. 글 전체를 요약하는 과정을 반복하다 보면 단락과 단락을 연결하는 논리를 파악할 수 있다. 단락의 뼈대만 뽑아 그걸로 전체 글의 핵심을 만들어 내는 과정을 통해서 논리력을 향상시킬 수 있다.

 논리력은 논리적인 글을 분석하면서 기를 수 있다. 논리적인 글 중 대표적인 것은 신문사설이다. 신문사설은 짧다. 길어봐야 6단락을 넘지 않는다. 분량이 많지 않으니, 그리 어렵지 않게 요약할 수 있다.

 신문 사설이 글쓰기 연습 재료로 적합한 이유는 또 있다. 사설은 논리적 구조가 명확하다. 문제 제기, 원인 분석, 해결책 제시, 결론이라는 전형적인 논증 구조를 갖추고 있다. 이런 구조를 반복해서 접하다 보면 자연스럽게 논리적으로 글을 전개하는 방법을 익히게 된다. 게다가 사설은 매일 쏟아진다. 정치, 경제, 사회, 문화 등 다양한 주제를 다루기 때문에 자신의 관심사에 맞는 글을 고를 수 있다. 접근성이 좋고, 분량이 적당하며, 논리적 구조가 명확한 사설은 글쓰기 연습을 위한 최적의 교재다.

  사설로 요약 연습을 할 때는 단계적으로 접근하면 좋다. 처음에는 각 단락의 핵심 문장 하나씩만 뽑아본다. 그다음에는 전체 사설을 한두 문장으로 압축해 본다. 익숙해지면 한 단계 더 나아가 각 단락이 어떤 역할을 하는지, 단락들이 어떻게 논리적으로 연결되는지를 분석한다. 이 과정을 꾸준히 반복하면 글의 구조를 보는 안목이 생기고, 자신의 글을 쓸 때도 자연스럽게 논리적 흐름을 만들어 낼 수 있게 된다.

  요약한 글에 살을 붙여 자기식으로 고쳐 써 볼 수도 있다. 원본 글을 압축했다가, 다시 원본과 비슷한 분량으로 고쳐 써 보라는 말이다. 시골의사로 잘 알려진 박경철 씨도 이와 같은 방법으로 글쓰기 연습을 했다. 그는 일단 요약하고, 그걸 원문과 비슷한 글로 다시 고쳐 썼다. 수없이 고치고 난 후에 원문과 비교해 보고 원문보다 자신의 글이 낫다는 생각이 들면 비로소 멈추었다고 한다. 이런 식의 글쓰기 훈련은 읽기와 쓰기를 동시에 돕는다.

# 인터넷
# 서점에서 글쓰기

●

"난 쓸거리가 없으면, 인터넷 서점에 갑니다."

강원국, 창비교육연수원 〈글쓰기의 즐거움〉 강의 중에서.

샌프란시스코 작가 집단, 그로토의 예술가 35명이 함께 만든 『글쓰기 좋은 질문 642』라는 책이 있다. 이 책은 글쓰기에 좋은 질문 642개를 담고 있다. 책의 구성은 단순하다. 1페이지에 글감이 되는 질문이 2~4개 정도 제시되어 있고, 하단에는 글을 쓸 수 있게 공란이 마련되어 있다. 그게 전부다. 그럼에도 불구하고 이 책은 아주 많이 팔렸다. 2013년에 국내에 번역 출간되었는데, 12년여가 지난 지금도 여전히 많이 팔리고 있다. 이는 사람들이 얼마나 쓸거리를 찾는데 목말라 하는지 말해 준다.

『대통령의 글쓰기』의 저자 강원국 씨는 쓸거리가 없으면 인터넷 서점을 방문한다고 한다. 나도 마찬가지다. 쓸거리가 마땅찮으면 인터넷 서점으로 향한다. 인터넷 서점에는 수십만 종의 책과 그 책들에 대한 자세한 소개가 수록되어 있다. 쓸거리가 무궁무진하다는 말이다. 사람들로 붐비는 도심에 나가서 살피다 보면, 유난히 관심이 가는 사람을 만나게 되는 것과 마찬가지로, 인터넷 서점에서 수많은 책을 둘러보다 보면, 내 관심사에 부합하는 책을 만나게 된다. 관심 가는 책을 만나면 그 책에 대해서 글쓰기를 한다.

우선, 베스트셀러 책을 둘러볼 수 있다. 베스트셀러란 많은 사람들이 선택한 책으로, 나에게도 흥미로울 공산이 크다. 관심 가는 키워드로 검색을 하고, 검색되는 책 중 가장 많이 팔린 책, 가장 최근에 출간된 책에 대해서 글을 써볼 수 있다. '화제의 신간'이나, '나를 위한 추천 책'을 둘러보는 것도 방법이다.

관심 가는 책을 만나면 우선 앞표지부터 살핀다. 앞표지는 책의 얼굴이다. 편집자들은 온 정성을 다해 앞표지 문구를 작성한다. 앞표지는 해당 책에 대한 핵심적인 정보를 압축적으로 제공한다. 앞표지만 봐도 어떤 콘텐츠를 담고 있는지 짐작할 수 있다. 앞표지를 유심히 살피면서 어떤 내용을 담고 있는 책인지 짐작하는 글을 쓰기 시작한다. '앞표지로 봐서 이 책은….' 정도로 글을 시작할 수 있겠다.

앞표지를 끝냈으면, 이번에는 뒤표지로 이동한다. 앞표지만큼은 아니지만 뒤표지도 해당 책에 대한 밀도 높은 정보를 제공한다. 뒤표지에는 추천사가 들어가는 경우가 많지만, 앞표지처럼 카피를 작성해서 넣기도 하고, 머리말이나, 본문 내용 중에서 독자들이 관심을 가질 만한 내용을 소개하기도 한다. 뒤표지는 보통 앞표지보다 분량이 많기 때문에 꼼꼼하게 살피면 책의 대략적인 내용을 파악하는 데 도움이 된다. 뒤표지를 보면서 책의 내용을 짐작해 보고 그것을 글로 쓴다.

이번에는 앞표지 날개로 이동한다. 앞표지 날개에는 저자 소개가 들어간다. 저자 소개 방식은 책마다 다르지만, 대개 책의 콘셉트와 관련된 저자의 개성을 최대한 부각시키는 데 중점을 둔다. 저자와 저서는 뗄 수 없는 관계다. 저자에 대해서 알면 책을 아는 데 도움이 된다.

앞표지까지 살폈다면, 머리말로 이동한다. 앞표지와 뒤표지, 책날개는 편집자가 작성하지만, 머리말은 저자가 직접 작성한다. 저자는 머리말에 이 책을 왜 집필했는지, 이 책은 어떤 내용을 담고 있는지를 쓴다. 머리말은 일종의 제품 사용설명서와도 같다. 머리말을 읽으면서, 머리말의 핵심을 요약해 본다. 머리말을 끝냈으면, 목차로 이동한다. 목차는 책의 윤곽이다. 대개 목차만 봐도 책의 내용을 대략 파악할 수 있다. 이를 바탕으로 책 내용에 대한 최종 요약을 진행한다.

앞표지, 뒤표지, 머리말, 목차를 통한 짐작이 끝났으면, 이번에는 출판사 제공 책 소개를 확인한다. 정답을 확인하는 것이다. 내가 짐작한 내용과 출판사 소개 책 내용이 어느 정도 일치하는지 확인한다. 글쓰기가 목적이므로 짐작이 맞고 안 맞고는 중요하지 않다. 확인이 끝났으면 출판사 제공 책 소개를 필사해 본다. 출판사 제공 책 소개는 보통 편집자가 쓰는데, 예비 독자들에게 '어필'해야 하다 보니 심혈을 기울여서 쓴다. 베껴 써도 좋을 만한 좋은 문장인 경우가 많다.

이렇게 인터넷 서점에서 책 내용을 짐작해 보는 일은 글쓰기 연습이 된다는 점 말고도 유익한 점이 있다. 우선 표지, 머리말, 목차만 보고도 책의 전체 내용을 파악하는 능력이 생긴다. 이 능력은 책을 구입하거나 도서관에서 책을 고를 때 도움이 된다. 또 자신이 어떤 분야의 책에 끌리는지도 알게 된다. 끌리는 분야가 있어야 꾸준한 독서로 이어진다. 일단 관심 분야를 찾은 사람은 꾸준히 독자로 남을 가능성이 높다. 인터넷 서점에서 글쓰기는 글쓰기 연습 말고도 유익한 점이 많은 것이다.

# 유튜브로
# 글쓰기

●

"'한 달에 3권 독서를 하는 사람'과 '한 달에 10권 독서를 하는 사람'이 있다면 어느 쪽이 더 성장할까요? 대부분의 사람이 '책을 많이 읽으면 다양한 지식을 터득할 수 있으니 더 많이 읽는 사람이 성장할 수 있다'고 생각합니다. 하지만 그건 착각입니다. (…) 예를 들어 '한 달에 3권 읽고 3권을 아웃풋하는 사람'과 '한 달에 10권 읽고 한 권도 아웃풋하지 않는 사람' 중에 어느 쪽이 성장할까요? 당연히 '3권 읽고 3권을 아웃풋하는 사람', 즉 아웃풋량이 많은 사람입니다. 아무리 인풋해도 아웃풋하지 않으면 기억으로 정착되지 않기 때문입니다."

가바사와 시온, 『아웃풋 트레이닝』

2002년 지식인 서비스를 시작한 이래 네이버는 국내 검색 시장에서 독보적인 지위를 누려왔다. 네이버의 아성은 무너질 것 같지 않았다. 다음을 비롯한 국내 검색 포털은 물론 야후나 구글도 네이버의 상대가 되지 못했다. 그런데 의외의 복병이 등장했다. 바로 유튜브다. 유튜브는 원래 페이팔(Paypal, 글로벌 온라인 지불 시스템) 직원들이 만든 동영상 공유 사이트였다. 그들은 누구나 쉽게 비디오 영상을 공유할 수 있는 기술을 생각해 냈는데, 그게 유튜브의 시초가 되었다.

2006년 구글은 유튜브를 16억 5천만 달러에 인수한다. 구글이 유튜브를 인수한 후 유튜브는 날개를 단다. 2007년 국가별 현지화 서비스를 시작하였는데, 2008년 1월에는 한국어 서비스도 시작했다. 2015년 기준으로는 54개 언어를 지원하고 있다. 사용자가 댓글을 달 수 있다는 점에서 소셜 미디어로 분류되기도 한다. 유튜브에 동영상을 올리는 사람들은 대부분 개인사용자이지만, 방송사 등 기관들도 유튜브에 동영상을 올리거나, 실시간 스트리밍 서비스를 하고 있다.

앱 리테일 서비스 와이즈앱 조사에 따르면, 2017년 9월을 기점으로 우리나라 네티즌의 유튜브 사용시간은 네이버와 카카오톡 사용시간을 앞질렀다. 와이즈앱이 국내 안드로이드 스마트폰 사용자 4만 명을 상대로 조사한 결과에 따르면 우리나라 유튜브 사용자 1인당 월평균 유튜브 사용 시간은 1,391분으로, 하루에 50분 정도 유튜브를 사용하고 있는 것으로 나타났다.

네이버가 블로거를 비롯한 크리에이터에게 거의 아무것도 배당하지 않았던 반면, 유튜브는 광고수익의 일부를 크리에이터의 몫으로 배당하고 했다. 이런 이유로 유튜브는 짧은 시간 안에 수많은 크리에이터를 끌어모을 수 있었다. 구독자 수가 많고 시청 시간이 길어야 크리에이터에게 배당되는 몫이 커지는 만큼 높은 수익을 원하는 크리에이터들은 사용자들의 눈을 끌 만한 양질의 콘텐츠를 만들어 내는 데 골몰할 수밖에 없었다. 유튜브는 보통 개인방송이지만 양질의 콘텐츠가 많을 수밖에 없는 이유다.

유튜브에는 시간을 때우기 위한 심심풀이 콘텐츠도 많지만 배움을 위한 교육용 콘텐츠도 많다. 대표적인 콘텐츠가 독서, 외국어, 컴퓨터 관련 콘텐츠다. 2018년 시장조사기업 엠브레인과 유튜브가 15세 이상 70세 미만 사용자 1,000명을 대상으로 조사한 결과 유튜브 사용자들은 이틀에 한 번꼴로 교육용 콘텐츠를 소비했다. 2018년 11월 5일 자 중앙일보 기사에 따르면 유튜브를 통해서 공부하면서 도서 구입비나 학원 수강이 감소했다는 사용자가 절반이나 되었다.

  그저 읽기만 하는 독서가 휘발될 가능성이 높은 것처럼 유튜브를 그저 보고 듣기만 하면 별로 남는 게 없을 공산이 크다. 유튜브를 글쓰기와 연결한다면 배움과 글쓰기를 한 번에 잡을 수 있다. 방법은 간단하다. 관심이 가거나 공부하고 싶은 주제를 정해서 그 분야의 콘텐츠를 공부하면 된다. 가장 먼저 할 수 있는 일은 요약하기다. 기억은 이해, 정리, 기억, 반복이라는 4단계를 거칠 때 견고해진다. 그냥 보고 듣는 대신 요약하면서 이해한 내용을 정리만 해도 머릿속에 더 많이 남는다. 유튜브 콘텐츠가 대개 크리에이터의 음성이나, 텍스트를 제공하기 때문에 요약은 어렵지 않다.

  요약이 끝나면, 느낀 점, 새롭게 알 게 된 점, 실제 삶에 활용할 수 있는 방법 등을 적어 볼 수 있다. 이런 식으로 글쓰기가 끝나면, 문장을 다듬고, 소제목을 다는 등, 추가 작업을 한 후에 해당 영상과 함께 블로그 등에 공유할 수 있다. 이런 식으로 글을 쓰면, 글쓰기와 공부에 도움이 된다.

# 0점짜리
# 글부터 써라

•

첫 번째 수정에서 30점에서 50점이 됩니다. 두 번째 수정에서는 50에서 70점으로 변경됩니다. 그리고 세 번째 수정에서 70점에서 90점으로 다듬어지면, 마지막으로 마감 기한까지 100점을 목표로 합니다. 일단 처음부터 끝까지 쓰고 나서 '고치기'와 '다듬기'에 시간을 들입니다. 처음부터 100점을 노리는 사람은 끝까지 완성하는 데 막대한 시간을 들이느라 고치는 데는 충분한 시간을 들이지 못합니다. 그 비율은 8대 2 정도. 고치는 시간이 길지 않아서 결과적으로 수준 낮은 글이 되는 안타까운 결과를 초래합니다.

가바사와 시온, 『아웃풋 트레이닝』

글쓰기를 어렵게 생각하는 사람들이 많다. 백지 앞에 앉으면 막막하고, 첫 문장을 쓰는 것조차 힘들어한다. 왜 그럴까? 대부분은 처음부터 좋은 글, 완벽한 글을 써야 한다는 강박관념 때문이다. 하지만 이런 생각이야말로 글쓰기를 가로막는 가장 큰 장애물이다.

글쓰기는 한 번에 완성되지 않는다. 초고를 쓰고, 다듬고, 또 다듬는 과정을 거쳐야 비로소 괜찮은 글이 탄생한다. 마치 조각가가 거친 돌덩이를 조금씩 깎아내며 작품을 만들어가듯, 글도 여러 단계의 수정을 거쳐 완성된다. 그러니 처음부터 완벽을 추구하지 말고, 일단 쓰기 시작하는 것이 중요하다.

일단, 0점짜리 글을 목표로 하자. 가벼운 마음으로 쓰면 글이 술술 풀린다. 0점짜리 글을 대충 써 놓고, 수정 작업에 돌입한다. 수정 작업도 마음 편하게 해 보자. 0점짜리를 30점짜리 정도로만 만들면 된다. 가벼운 마음으로 미처 발견하지 못했던 오타를 발견하고, 맞춤법이 틀린 글자를 고친다. 띄어쓰기도 손본다.

0점짜리를 30점으로 만들었으면, 30점짜리를 50점으로 만든다. 20점만 더 높이면 된다. 이번에는 문장을 좀 더 자세히 살핀다. 한 문장, 한 문장 찬찬히 살피면서 매끄럽지 못한 부분이 있는지 살핀다. 문장과 문장이 매끄럽게 연결되어 리듬감이 있는지 살핀다. 30점짜리를 50점으로 만들었으면, 이번에는 50점짜리를 70점으로 만든다. 이 단계에서는 단락과 단락의 연결을 살필 수 있다. 단락과 단락이 덜컹거리지 않고, 매끄럽게 잘 연결되는지 등을 확인한다.

70점짜리 글을 완성했다면, 70점짜리를 90점으로 만드는 일에 돌입한다. 마지막으로 90점짜리를 100점짜리로 만드는 작업에 돌입한다. 10점만 보태면 되니, 이 또한 마음 편하게 할 수 있다. 100점이라고 해서 누가 봐도 100점짜리 글을 쓰라는 뜻은 아니다. 여기서 말하는 100점은 자기가 쓸 수 있는 최상의 글을 의미한다. 자기 능력으로 더 이상 수정할 수 없는 글이 100점짜리 글이다.

이런 단계적 접근법의 가장 큰 장점은 심리적 부담을 줄여준다는 것이다. 처음부터 완벽을 목표로 하면 글쓰기 자체가 두려운 작업이 된다. 하지만 0점에서 시작한다고 생각하면 실패에 대한 두려움이 사라진다. 어차피 0점이니 더 나빠질 것도 없지 않은가. 이렇게 마음의 짐을 덜어내면 생각이 자유로워지고, 글도 자연스럽게 흘러나온다.

또한 이 방법은 시간 배분에서도 효율적이다. 처음부터

완벽을 추구하는 사람은 초고를 쓰는 데 대부분의 시간을 쏟아붓는다. 그러다 보면 정작 중요한 수정 단계에서는 시간이 부족해진다. 반면 0점부터 시작하는 방식은 초고를 빠르게 완성하고, 여러 차례 수정할 시간을 확보할 수 있다. 결국 같은 시간을 투자하더라도 더 나은 결과물을 얻을 수 있는 것이다.

처음부터 100점짜리를 글을 쓰려면 누구라도 부담이 된다. 작업을 시작하기도 어렵고, 작업하는 내내 부담감을 느껴야 한다. 스트레스도 많이 받는다. 마치 계단을 오르듯 처음에는 아주 낮은 계단 하나만을 목표로 하면 마음의 부담도 적고, 힘도 들지 않는다.

똑같은 산을 오른다고 치자. 한 사람은 가파른 쪽을 기어오르면서 단번에 정상으로 오르고자 한다. 다른 사람은 완만한 능선을 조금씩 마음 편하게 오르면서 조금씩 고지를 점령해 간다. 어느 쪽이 더 수월하겠는가? 대개는 완만한 능선을 오르는 쪽이다. 0점짜리 글을 쓰자. 거기에 조금씩 점수를 보태자. 계단을 오르듯 한 계단씩만 오르자. 어느새 높은 계단에 올라 있을 것이다.

# 베껴 쓰기로
# 문장력 단련하기

●

"모방이라니. 진리치곤 너무 단순한가? 비틀즈나 비치 보이스를 생각해보라. 혹은 당신이 지금 아이팟으로 듣고 있는 뮤지션들은 어떤가? 그들은 모두 선배 뮤지션들의 노래를 베끼면서 숙련된 뮤지션으로 성장했다. 간단히 말해 다른 뮤지션들의 음악을 모방하면서 자신의 경력을 쌓기 시작한 것이다. (…) 작가들이라고 뮤지션들처럼 하지 말라는 법이 있는가? 대체 왜 작가들에겐 모방부터 가르치지 않는가?"

윌리엄 케인, 『거장처럼 써라』

화가 지망생들은 롤모델이 될 만한 화가의 작품을 모사하는 과정을 필수로 거친다. 구도와 색상은 물론 선 하나하나까지 따라 그린다. 이 과정을 통해서 자연스럽게 화가의 회화기법을 체득하게 된다. 피카소 같은 대가도 다른 사람의 그림을 모사했다. 그의 작품 〈한국에서의 학살〉은 고

야의 〈5월 3일의 처형〉이라는 그림을 차용한 것이다. 피카소는 이렇게 말했다. "모사는 자기 훈련이며, 수업이기도 하다."

프랑스 화가 앙리 루소는 돈이 없어서 혼자 그림 공부를 했다. 붓을 어떻게 쥐는지 명암을 어떻게 나타내는지도 몰랐다. 그가 선택한 방법은 거장들의 그림을 모사하는 일이었다.

일본의 저명한 건축가 안도 다다오는 고졸 학력이 전부다. 남들처럼 대학에서 건축을 제대로 전공한 적이 없다. 그는 여기저기 여행하면서 건축을 독학했는데 그러던 중 근대 건축운동의 기능주의와 대담한 표현주의를 결합한 건축의 제1세대 르코르뷔지에에 관한 중고책을 접하게 된다. 르코르뷔지에의 작품 세계에 반한 안도 다다오는 직접 그를 찾아 가르침을 구하고자 했지만 르코르뷔지에는 이미 세상을 떠나고 없었다. 하는 수 없이 르코르뷔지에의 작품 베끼기에 열중했는데, 도판을 다 외울 정도였다. 르코르뷔지에의 작품을 베끼면서 건축에 대한 안목을 키워 갔다.

수많은 작가들이 다른 사람들의 글을 필사했다. 소설,

시, 에세이 등 관심 분야 중에서 닮고 싶은 작가를 정하고 그의 문장을 베껴 쓰면서 글쓰기를 단련했다. 소설가 신경숙은 자신의 감성적인 문장이 습작 시절의 필사를 통해서 가능했다고 고백했다. 그녀는 김승옥의 『무진기행』, 이제하의 『태평양』, 오정하의 『중국인 거리』, 이청준의 『눈길』, 윤홍길의 『장마』 등을 베껴 썼는데, 한 자 한 자 옮겨 적으면서 그냥 눈으로 읽을 때보다 소설의 밑바닥에 흐르는 양감을 보다 세밀하게 느낄 수 있었다고 했다. 녹록지 않은 필력을 자랑하는 시골의사 박경철도 베껴 쓰기를 했다.

필사는 느리게 읽기다. 느리게 읽으면서 글을 음미하고, 닮고 싶은 글을 내 안에 새기는 데 베껴 쓰기의 목적이 있다. 제대로 음미해야 글을 보는 안목이 높아지고, 그게 다시 내 글쓰기에 영향을 미친다. 눈으로만 읽으면 대충 읽게 될 가능성이 높다. 『그러니까 당신도 써라』의 저자 배상문은 "베껴 쓰기는 일종의 강제로 느리게 읽기."라고 했다. 대충 죽죽 읽어 나가고 싶은 눈을 손이 잡아 둔다. KTX가 아니라, 자전거를 타고 가야 풍경이 제대로 들어온다. 글도 마찬가지다.

할 수만 있다면, 『태백산맥』 같은 책을 갖다 놓고 처음부터 끝까지 베껴 쓸 수도 있을 것이다. 하지만 책 전체를 베껴 쓰는 일은 중도에 포기하기 쉽다. 좋은 문장을 한 문장씩 베껴 쓰는 것으로 충분하다. 좋은 문장을 쓰는 작가의 작품을 골라서 그중에서 '괜찮다' 싶은 문장을 옮겨 쓰는 것으로 시작하면 좋다. 노트를 따로 마련해서 좋은 문장을 적어 두고 수시로 읽어 보면 베껴 쓰기의 효과를 배가시킬 수 있다.

문장 베껴 쓰기에 익숙해지면 이번에는 단락 베껴 쓰기에 도전한다. 괜찮은 단락을 만나면 단락 전체를 베껴 쓴다. 문장뿐 아니라 문장과 문장이 만들어 내는 리듬과 논리, 단락 전체의 구조까지 염두에 두면서 베껴 쓴다. 단락 쓰기에 익숙해지면 글 한 편 베껴 쓰기를 시도할 수 있다. 신문사설은 무료로 얻을 수 있는 좋은 필사 자료다. 분량이 많지 않으면서도 완결성을 띤다. 이념적 편향성이 염려된다면, 여러 신문의 사설을 베껴 쓰면 된다. 사설을 베껴 쓰면서 문장을 익히고 단락과 단락, 글 전체를 관통하는 논리를 훈련할 수 있다.

허먼 멜빌의 소설 『필경사 바틀비』의 주인공 바틀비는 필경사다. 하지만 바틀비의 필사에는 영혼이 없었다. 그에게 필사는 생계를 위한 일일 뿐이었다. 바틀비는 그런 식의 필사에 흥미를 느낄 수 없었고 결국 필사를 포기하기에 이른다. 무신경하게 습관적으로 하는 베껴 쓰기와 충분한 이해를 바탕으로 콤마 하나까지 심혈을 기울이는 베껴 쓰기는 다르다. 베껴 쓰기를 하고자 하는 사람은 바틀비의 교훈을 떠올릴 필요가 있다. 무신경하게 베껴 쓰는 일은 시간 낭비일 수 있다. 마음을 다해서 해야 베껴 쓰는 글이 마음에 들어오고 내 글을 향상시킬 수 있다.

# 귀로도
# 베껴 써라!

"안개 속에 있는 사람도 젖는다."

도겐(중세 일본 선사)

도겐 선사의 이 말은 글쓰기에도 그대로 적용된다. 좋은 글을 읽고, 베껴 쓰고, 자주 접하다 보면 자신도 모르는 사이에 그 영향을 받게 된다. 마치 안개 입자가 눈에 보이지 않을 만큼 작지만 오래 그 속에 있으면 옷이 젖듯이, 좋은 글을 반복해서 접하면 어느새 그 문장력과 표현력이 내 안에 스며든다. 이것이 바로 필사가 가진 힘이다.

하지만 많은 사람들이 필사를 어려워한다. 시간도 오래 걸리고, 손도 아프고, 무엇보다 꾸준히 하기가 쉽지 않다.

그래서 필사의 필요성은 알면서도 실천하지 못하는 경우가 많다. 그렇다면 좀 더 부담 없이, 좀 더 자주 좋은 글을 접할 수 있는 방법은 없을까?

주야장천 손으로만 필사를 하던 시절이 있었다. 멋진 신문사설이나 김훈의 『칼의 노래』 같은 좋은 책을 만나면 대학 노트에 열심히 베껴 적었다. 하지만 학창시절부터 필기를 싫어했던 까닭에 손으로 무언가를 적는다는 게 쉽지 않았다. 손가락도 아팠다. 노트북에 쓰기도 해 봤지만 이 또한 쉽지 않았다. 필사를 하지 않고 지나가는 날이 점점 많아졌고 필사의 양도 줄었다. 필사의 필요성은 인정하면서도 필사가 점점 부담스러워졌다.

그러다 스마트폰 녹음기에 필사하고 싶은 글을 녹음해서 듣는 방법을 시도했다. 주로 한 문단이나 1페이지 정도 분량을 녹음해서 들었다. 특별히 새기고 싶은 단어나 문장은 세 번 정도 반복해서 녹음했다. 특정 단어나 문장을 반복해서 들으면 글의 흐름이 깨지기 때문에 자연스럽게 귀를 더 기울이게 된다. 가령, 아래와 같이 할 수 있다.

●

"부챗살을 펼치고 살살 부치면 아직 피지 않은 청보라 꽃봉오리가 일시에 '화르르 꽃잎을 열고', '화르르 꽃잎을 열고', '화르르 꽃잎을 열고', 상큼한 향을 쏟아낼 것 같다. '세상의 복판에서 홀로 멀어진 듯', '세상의 복판에서 홀로 멀어진 듯', '세상의 복판에서 홀로 멀어진 듯', 내가 한없이 작아 보일 때, 서랍에 넣어둔 부채를 꺼내어 한참씩 들여다보곤 한다."

최민자, 『꼬리를 꿈꾸다』 중에서.

말하자면 이 방법은 귀로 하는 필사다. 보통 필사는 손으로 한다. 하지만 왜 꼭 손으로만 필사를 해야 하는가? 필사의 핵심은 좋은 글을 마음에 새기는 것이다. 꼭 손으로 종이에 쓰거나 컴퓨터로 '타이핑'을 해야만 하는 것은 아니라고 본다. 필사의 핵심은 '새기고자 하는 글을 얼마나 견고하게 내 안에 각인시키느냐.' 하는 것이지, 필사를 하는 방법이 따로 정해져 있는 것은 아니다.

난 손으로 하는 필사도 하지만 귀로 듣는 필사도 즐긴다. 좋은 신문사설이 있으면 직접 육성으로 녹음해서 듣거나 텍스트를 음성으로 바꿔 주는 프로그램을 이용해서 음성으로 바꾸어 듣는다. 귀로 하는 필사는 손으로 하는 필사에 비해 몰입도가 떨어질 수 있지만 부담이 덜해서 손으로 하는 필사보다 더 자주 하게 된다는 장점이 있다. '귀로 흘려듣는 게 뭐 그리 효과가 있을까?' 하는 사람도 있겠지만 안개 속에 있어도 오래 있으면 젖는 법이다. 손으로 쓰는 필사가 부담스러운 사람은 귀로 하는 필사를 고려해 볼 수 있다.

귀로 하는 필사의 또 다른 장점은 시간과 장소의 제약이 없다는 것이다. 출퇴근길 지하철이나 버스에서, 설거지를 하거나 청소를 할 때, 산책을 하거나 운동을 할 때도 이어폰만 있으면 언제든 좋은 글을 들을 수 있다. 손으로 필사를 하려면 책상 앞에 앉아 종이와 펜을 준비해야 하지만, 귀로 하는 필사는 그런 준비가 필요 없다. 이런 접근성 덕분에 필사가 쉽게 일상의 일부가 될 수 있다.

처음에는 그저 배경음악처럼 흘려듣는 것 같아도 반복해서 듣다 보면 문장의 리듬과 표현이 귓가에 맴돈다. 특히 인상 깊은 표현은 어느새 내 입에서 자연스럽게 튀어나오기도 한다. 손으로 쓰는 필사가 글의 구조를 파악하는 데 도움이 된다면, 귀로 하는 필사는 글의 음악성과 리듬감을 체득하는 데 효과적이다. 두 방법을 번갈아 사용하면 더욱 입체적으로 좋은 글을 흡수할 수 있다.

$1\mu m$(마이크로미터)는 $1mm$(밀리미터)를 천 번 나눈 크기인데 안개 입자의 지름은 보통 $20\mu m$보다 작다. 그러니 안개 입자가 얼마나 작은가? 육안으로는 확인할 수도 없다. "가랑비에 옷 젖는 줄 모른다."는 우리 속담이 있는데 가랑비보다 훨씬 입자가 작은 안개 속에도 오래 있으면 젖는다. 아무리 사소한 자극이라도 그 속에 오래 있으면 영향을 받을 수밖에 없다. 이와 같은 이치를 베껴 쓰기를 할 때도 응용해 볼 수 있다.

# 글쓰기는
# 고쳐쓰기다

•

아무리 숨기려 해도 그 과정의 미숙함이 다 드러나는 '말'보다는, 어느 정도 드러내되 결정적인 것은 숨길 수도 있는 '글'이 편했다. '말실수' 라는 단어는 있어도 '글실수'라는 단어는 없지 않은가. 글에는 퇴고라는 멋진 패자부활전이 준비되어 있었다. 그때그때 준비할 수 없는 말, 너무도 즉흥적이어서 예행연습 따위는 통하지 않는 말에 비해, 글에는 충분히 준비할 시간이 있었다. 매만지고 다듬고, 찢어버릴 수 있는 자유가 있었다.

정여울, 「글쓰기의 기쁨과 말하기의 고통」

문학평론가 정여울은 『서울경제』 칼럼 「정여울의 언어정담」에서 아무리 숨기려 해도 과정의 미숙함이 다 드러나는 말보다는, 어느 정도 드러내되 결정적인 것은 숨길 수도 있어서 글을 쓰게 되었다고 했다. 또 그녀는 예행연습 따위는 통하지 않는 말에 비해 글은 충분히 준비할 시간이 있고 매만지고 다듬고 마음에 들지 않으면 찢어 버릴 수 있는 자유가 있어서 좋다고 했다. 한마디로 충분한 숙고를 거쳐 고친 후에 세상에 내놓을 수 있어 말보다는 글을 좋아한다는 것이다.

 모든 작가는 초고를 쓰고 나서 글을 고친다. 그들은 글을 잘 쓰는 사람들이기 전에 글을 잘 고치는 사람들이다. 글을 써서 먹고 사는 작가들조차 일거에 글을 완성하지 못하고 고쳐 쓴다고 하니, 글쓰기 초심자들이 해야 할 일은 분명하다.

 이화여대 최재천 교수는 유학시절 로버트 위버라는 영문학과 교수로부터 글쓰기에 대한 가르침을 받았다. 로버트 교수는 최재천 교수를 불러 놓고, 최 교수가 쓴 글을 소리 내어 읽어 보라 했다. 다 읽으면, "글이 마음에 드느냐?"고 물었다. 마음에 들지 않는다고 하면, 고쳐 쓰라고 하기를 반복했다. 그렇게 최재천 교수는 자신이 쓴 글을 수없이 읽고 고치기를 반복했다. 요즘도 최 교수는 글을 쓰는 동시에 소리 내어 읽으며 글을 고친다고 한다. 글이 입에 달라붙어 자연스럽게 읽힐 때까지 고쳐 쓰기를 반복한다.

 '소리 내어 읽으며 퇴고하기'는 눈으로 본 것을 읽고 읽은 것을 귀로 들으며 하는 퇴고 방법이다. 눈으로 읽으며 퇴고하기가 눈만 사용하는 방법이라면, 소리 내어 읽으며 퇴고하기는 눈, 입, 귀를 모두 사용하는 방법이다. 그러니 소리 내어 읽으며 퇴고하는 편이 눈으로만 읽는 방법보다 나을 수밖에 없다.

 입으로 읽고 귀로 들으면서 퇴고하는 방법은 작곡을 해 놓고 직접 연주해 보기와 유사하다. 만든 곡을 피아노로 직접 쳐 보면 문제점이 드러난다. 잘 쓴 글은 소리 내어 읽기에도 좋고 듣기에도 좋다. 입과 귀에 거슬리면 뭔가 고쳐야 할 부분이 있다는 것이다.

 묵혀 두었다가 퇴고하는 방법도 있다. 시간이 지나서 다시 보면 글을 쓸 당시에는 눈에 띄지 않았던 부분이 눈에 들어온다. 시간이 지나고 나면 글을 쓸 때와는 다른 마음의 상태가 되어 있기 마련인데 마음의 상태가 달라지면 다른 관점에서 글을 볼 수 있기 때문이다. 오타가 눈에 띄기도 하고 없어도 좋은 표현이 눈에 들어오기도 한다. 더 나은 표현이 생각나기도 한다. 보통 글을 한 편 쓰고 나면 에너지가 소진되는 경우가 많다. 시간이 지나서 퇴고를 하게 되면 에너지가 회복된 상태에서 글을 살필 수 있다는 장점도 있다.

인쇄해서 퇴고해 보는 것도 좋은 방법이다. 인쇄해서 보면 노트북이나 PC 화면으로 볼 때 눈에 띄지 않았던 부분이 보이는 경우가 많다. 굳이 인쇄까지 하지 않고 쓴 글을 블로그에만 올려도 워드프로세서 화면에서 보이지 않던 부분이 보이기도 한다. 지면이 달라지면 시각적으로 자극되어 뇌가 환기되고, 각성 수준이 높아지면 보이지 않던 부분이 눈에 띄기 때문이다.

글쓰기는 결국 고쳐 쓰기다. 많이 읽고 많이 쓰는 가운데 글을 보는 안목을 높이고 고쳐 쓰는 능력도 길러야 한다. 고쳐 쓰는 능력을 단련하는 방법은 크게 두 가지다. 하나는 자기가 쓴 글을 고쳐 보는 것이고 또 하나는 남이 쓴 글을 고쳐 보는 것이다. 고쳐 쓰는 능력을 중급 이상으로 높이고 싶으면 고 장하늘 선생님이 쓰신『글 고치기 전략』, 이병갑 선생님이 쓰신『우리말 문장 바로 쓰기 노트』와 같은 문장 바로 쓰기 책을 공부하면 도움이 된다. 다만, 막 글쓰기를 시작하는 사람들에게는 권하고 싶지 않다. 문장 바로 쓰기 책이 제시하는 올바른 문장에 대한 부담감에 사로잡히면 글쓰기 자체가 부담스러울 수 있다.

CHAPTER 4

# 글쓰기를
# 습관화하는 방법

# 습관이
# 중요하다

●

"나는 누구일까요? 나는 당신의 영원한 동반자입니다. 또한 당신의 가장 훌륭한 조력자일 뿐 아니라 가장 무거운 짐이 되기도 합니다. 나는 당신을 성공으로 이끌기도 하고 실패의 나락으로 끌어내리기도 합니다. 그렇지만 당신 행동이 90퍼센트가 나 때문에 좌우됩니다. 나는 당신의 행동을 빠르고 정확하게 좌지우지합니다. 나에겐 그게 매우 쉬운 일입니다. 당신이 어떻게 행동하는지 몇 번 보고 나면 나는 자동으로 그 일을 해냅니다. 나는 위대한 사람들의 하인일 뿐 아니라 모든 실패자들의 주인이기도 합니다."

지그 지글러, 『시도하지 않으면 아무것도 할 수 없다』

무라카미 하루키는 새벽 4시에 일어나 대여섯 시간 글을 쓴다. 오후에는 달리기와 수영을 한다. $10km$를 달리고, 1,500m를 수영한다. 책을 읽고 음악을 듣다가 밤 9시가 되면 잠자리에 든다. 하루키는 이런 일상을 끊임없이 되풀이한다. 그에게 습관은 마치 최면과도 같은 것이라고 한다. 습관을 통해서 내면 더 깊이 들어갈 수 있다고 한다. 이런 습관을 통해 체력까지도 관리한다.

임마누엘 칸트는 1주일에 20시간 강의를 하면서도 사교계 인사들과 어울렸다. 그러면서도 수천 페이지에 달하는 책을 썼다. 칸트는 철저하게 자신만의 '루틴'을 지켰다. 새벽 4시 55분이 되면 그의 하인이 칸트를 깨운다. 5시에 홍차를 마시고 파이프 담배를 한 대 피운다. 잠옷을 입은 채 강의 준비를 한다. 7시에 강의를 시작해서 9시에 마친다. 집에 돌아와서 12시 45분까지 집필을 한다. 12시 45분에 점심을 먹는다. 3시 30분에 산책을 나간다. 저녁에는 가벼운 책을 읽고 10시가 되면 잠자리에 들었다.

어떤 분야의 대가들은 철저하게 자기 루틴을 지키면서 습관적으로 자기 일에 몰두한 경우가 많다. 그들의 일상은 마치 컨베이어 벨트가 돌아가듯 일정한 계획에 따라 흘러갔다. 글쓰기를 하는 사람들도 이와 같이 습관적으로 글을 쓸 필요가 있다. 습관화되어야 글쓰기에 탄력이 붙고 힘도 덜 든다. 그렇게 매일 써야 글쓰기 내공이 생긴다.

새벽 글쓰기는 꾸준하게 글을 쓰는 데 도움이 된다. 새벽 시간에는 무엇보다 방해받을 가능성이 거의 없기 때문이다. 새벽에는 거의 모든 사람들이 잠들어 있다. 전화벨소리가 울릴 일도 없고 카톡으로 메시지가 올 일도 없다. 약속이 잡힐 가능성도 거의 없다. 쓰고자 하는 의지만 있다면 글을 쓸 수 있다.

내 경우 평소보다 30분 일찍 일어나서 잠깐 동안 글을 쓰다가 출근하는 것으로 글쓰기 습관화를 시작했다. 직장 생활을 시작하던 99년 당시, 11시에 잠자리에 들어서 7시에 기상했는데 처음에는 6시 30분에 일어나는 것을 목표로 했다. 6시 30분에 알람을 맞춰 두고 알람시계를 책상 위에 올려 두었다. 알람시계를 잠자리 옆에 두면 끄고 다시 잠을 잘 게 뻔했다. 평소보다 30분 먼저 일어나는 일은 크게 부담스럽지 않고 어렵지도 않았다. 알람이 울리자마자 일어나서 책상에 앉았다. 그리고 컴퓨터를 켰다. 처음에는 일기 정도나 썼다.

6시 30분 기상이 습관화될 무렵, 묘한 일이 일어났다. 6시 정도면 저절로 잠이 깨였다. 처음에는 알람이 울려야만 일어났는데 차츰 먼저 잠을 깨고 나서 알람을 기다리게 되었다. 그래서 기상 시간을 30분 더 당겼다. 글 쓰는 시간을 1시간 정도 확보하니 제법 긴 글도 쓸 수 있게 되었다. 일기도 쓰고 책에 밑줄 그은 부분도 일기장에 옮겨 적었다.

이런 식으로 6시에서 5시 30분으로, 5시 30분에서 5시로 기상 시간을 당겼다. 15년 전부터는 10시에 자서 4시에 일어나기를 기본으로 하고 있다. 처음에는 이 정도로 기상 시간을 당길 수 있을 것이라고 생각하지 못했다. 지금은 새벽 4시 기상이 너무나 자연스럽다. 새벽 4시만 되면 저절로 눈이 떠진다. 하루 3시간이 1년 모이면 1,000시간이다. 무시 못 할 시간이다. 글쓰기 내공이 깊어지기 충분한 시간이다.

리더십 전문가 존 맥스웰은 "사람이 습관을 결정하고 습관이 그 사람의 미래를 결정한다."고 했다. 공자도 "인간은 천성적으로 비슷하지만 습관에 의해서 완전히 달라진다."고 했다. 글쓰기를 습관화하고 싶으면 새벽 시간을 활용해 보자.

# 작은 시도부터
# 하라

•

"어떠한 일도 갑자기 이루어지지 않는다. 한 알의 과일, 한 송이의 꽃도 그렇게 되지 않는다. 나무의 열매조차 금방 열리지 않는데 하물며 인생의 열매를 노력도 하지 않고 조급하게 기다리는 것은 잘못이다."

에픽테투스

 우리가 무언가를 이루고자 할 때 자주 빠지는 함정이 있다. 바로 조급함이다. 당장 성과가 나지 않으면 불안해하고, 그 불안감은 자주 자신에 대한 의심으로 이어진다. 하지만 이룰만한 가치가 있는 일 중에 단번에 이루어지는 일은 드물다. 꽃이 피고, 열매가 열리기까지 시간이 필요하듯 무엇인가를 이루기 위해서도 그에 합당한 시간이 필요하다.

어린 시절의 피카소는 무수히 비둘기 발을 그렸다. 그의 아버지는 미술 교사였고, 피카소에게 반복적으로 하나의 대상만을 그리게 했다. 그 과정은 매우 지루하고 단조로웠을 것이다. 그러나 반복이야말로 가장 확실한 훈련이다. 피카소는 그렇게 기본을 다졌고, 그 기초 위에 창의성과 실험 정신을 더해 추상화의 대가가 되었다. 모든 창조적 자유는 철저한 기초 훈련 위에서 가능해진다.

비슷한 사례는 레오나르도 다빈치에게서도 찾을 수 있다. 그는 회화를 배우는 초기에 오로지 '계란'을 그리는 데 시간을 보냈다. 계란의 모양은 단순하지만, 실제로는 조명에 따라 미묘한 명암 차이를 드러낸다. 그것을 제대로 그려내는 훈련은 관찰력, 집중력, 묘사력 등 미술의 핵심 능력을 기르는 데 효과적이었다. 다빈치는 이러한 지루한 반복을 기꺼이 감내했고, 마침내 전인적 예술가로 거듭났다.

현대의 조직과 기업에서도 반복적 훈련과 작은 성취의 중요성이 강조된다. 하버드 경영대학원의 테레사 에머빌 교수는 수많은 기업 임원들의 일기를 분석해 그들의 동기 요인을 정리했다. 그 결과, 임원들의 기분을 긍정적으로 만드는 요인은 세 가지로 요약되었다. '좋은 대인관계', '업무에 대한 적절한 지원', 그리고 '작은 성공 경험'. 이 중에서도 가장 강력한 요인은 바로 '작은 성공 경험'이었다.

아일랜드의 인지신경과학자 이안 로버트슨은 『승자의 뇌』에서 이러한 '작은 성공의 힘'을 신경과학적 관점에서 분석했다. 그는 "승자는 작은 승리를 반복한 사람"이라며, 이런 경험이 뇌에 긍정적인 변화를 일으킨다고 설명했다. 작은 성공은 도파민을 분비시키고, 뇌는 그 쾌감을 기억하게 된다. 반복된 성공은 자존감을 키우고, 결국 더 큰 도전 앞에서도 주눅 들지 않는 '승자의 뇌'를 만든다. 이 작은 성공들이 쌓이면 결국 인생 전반에 긍정적인 영향을 미치게 된다.

이처럼, 위대한 결과는 작은 출발로부터 시작된다. 탈무드에 나오는 말이 이를 잘 설명한다.

"단번에 바다를 만들 수는 없다. 먼저 냇물부터 만들어라."

모든 거대한 흐름은 작은 물줄기에서 비롯된다. 인생도 마찬가지다. 어떤 일을 시작했을 때, 처음부터 완벽하거나 대단하기를 바라지 말아야 한다. 오히려 아주 작고 보잘것 없는 실천부터 해야 한다.

 글쓰기도 예외가 아니다. 처음부터 훌륭한 글을 쓰겠다는 생각은 도리어 글쓰기를 가로막는 심리적 장벽이 될 수 있다. 좋은 글은 수많은 시시한 글, 볼품없는 글, 허술한 글을 쓴 후에야 쓸 수 있다. 일기의 형식을 빌려서 오늘 하루 느낀 점을 짧게 적거나, 읽은 책에서 인상 깊은 문장을 필사하는 것으로 시작해도 좋다. 중요한 것은 자리에 앉아 펜을 들고 쓰는 일 자체다.

 또한 처음부터 매일 1~2시간씩 글을 쓰겠다는 결심도 글쓰기를 부담스럽게 할 수 있다. 오히려 하루 20~30분 정도 가볍게 써보겠다는 부담 없는 계획이 더 효과적일 수 있다. 짧은 시간 동안이라도 집중해서 써본다면 성취감이 생기고, 그 성취감이 내일 또 책상 앞에 앉을 동기를 제공한다. 중요한 건 꾸준히 쓰는 일이다.

 서울에서 부산까지의 거리는 약 400$km$다. 이 거리를 단번에 걷는 일은 불가능하다. 하지만 하루에 2$km$씩 걷는다면, 200일이면 도달할 수 있다. 하루 2$km$는 누구나 걸을 수 있는 거리이고, 이 작은 실천이 모이면 서울에서 부산까지 거리를 완주할 수 있다. 중요한 것은 방향을 잡고, 오늘도 한 걸음 내딛는 일이다.

처음부터 큰 목표를 세우고 무리를 하면 안 된다. 그보다 중요한 것은 '실천 가능한 작은 목표를 반복하는 것'이다. 처음에는 실현 가능성이 100%인 목표부터 시작하자. "오늘은 한 문장만 쓰겠다.", "단 한 줄만 읽겠다.", "딱 10분만 앉아 있겠다." 이렇게 작은 실천으로 시작하면 마음이 편안해지고, 심리적 저항도 줄어든다.

그러니 하루에 한 개씩 작은 성공을 하자. 그리고 그 작은 성공을 기뻐하자. 그 작은 성취감이 내일도 글을 쓰게 만든다. 이런 식으로 글을 계속 쓰다 보면, 언젠가는 내가 쓴 글이 누군가의 마음에 울림을 주는 날이 온다. 아무것도 아닌 것처럼 보이는 문장들이 쌓이고 쌓여, 언젠가는 제법 그럴듯한 문장이 된다.

그러니 조급해하지 마라. 오늘 당신이 하고 있는 작은 노력은 결코 헛되지 않다. 오늘 쓴 한 줄의 문장이 내일의 가능성을 밝힌다. 그리고 그 가능성이 쌓여, 결국 당신만의 문장을 만들어 간다.

# 적은 노력,
# 빠른 보상

•

"자동차, 휴가, 보트 및 기타 돈이 많이 드는 품목들이 효과가 좋기도 하지만 그것들을 손에 넣을 만큼의 돈을 모으기까지는 여러 해가 걸릴 수도 있다. 그보다 작은 단기 인센티브도 당신이 의욕을 잃지 않도록 하는 데에 대단히 효과적일 수 있다. 예컨대 자전거, 옷, 주말여행, 신발, 장난감 같은 것들이 당신을 계속 목표에 매진하도록 만드는 데 필요한 것일 수도 있다."

마크 맥키언, 『고존으로 승부하라』

우리는 흔히 동기부여를 거대한 목표와 연결 지으려 한다. 새 차를 구입하거나, 해외 배낭여행을 떠나거나, 여유로운 은퇴 후의 삶을 떠올리며 현재의 고단함을 참아내려 한다. 물론 이런 목표도 삶의 방향성을 설정하는 데 유익할 수 있다. 그러나 너무 멀리 있는 보상은 현재의 열정과 연결되기 어렵다. 우리는 '지금 당장'의 자극에 훨씬 더 민감하게 반응한다.

 이런 점에서 '작고 빠른 보상'은 행동의 지속을 가능하게 만드는 강력한 기제다. 실제로 행동경제학에서는 이러한 현상을 '현재편향(Present bias)'이라 부르며, 장기적인 이익보다 당장의 만족을 중시하는 인간의 성향을 설명한다. 마크 맥키언이 강조한 것처럼, 고가의 보상이 아니라 지금 당장 얻을 수 있는 작지만 확실한 보상이 오히려 더 큰 효과를 발휘할 수 있다. 새 신발 한 켤레, 좋아하는 카페에서의 커피 한 잔, 혹은 단 하루의 휴식이 장기 목표보다 훨씬 더 강력한 동기부여가 되기도 한다.

 이 원리는 학습 동기에서도 마찬가지로 작동한다. 일본의 교육경제학자 나카무로는 학생들이 학습에 몰입하지 못하는 이유를 연구하다가 '눈앞의 당근'이라는 개념을 제시했다. 단순히 시험을 잘 보면 상을 준다고 약속하는 것보다, "지금 공부하면 이후에 게임할 수 있다."는 식의 즉각적 보상이 훨씬 효과적이라는 것이다. 이는 아이들뿐 아니라 어른들에게도 그대로 적용된다. 인간은 누구나 현재에 민감하게 반응하고, 미래에 대한 동기보다는 현재의 즐거움을 더 간절히 원한다.

세계적인 작가 스티븐 킹의 어린 시절도 그 예다. 그는 만화책의 스토리를 흉내 내서 짧은 이야기를 쓰고, 어머니에게 보여주곤 했다. 그의 어머니는 그 글에 감탄하면서, 모방이 아닌 창작을 권유했다. 그리고 직접 쓴 글을 가져오면 매번 25센트를 건넸다. 어린 킹에게 25센트는 단순한 돈 이상의 의미였다. 그는 글을 통해 인정받고, 즉시 보상을 경험하며 글쓰기에 몰입하게 되었다. 단기 보상이 그의 글쓰기 습관을 자연스럽게 길러준 셈이다.

이러한 경험은 창작의 영역뿐만 아니라 삶의 여러 분야에서 유사하게 나타난다. 『나는 찍는다, 스마트폰으로』의 저자 한창민은 원래 사진에 큰 관심이 없던 사람이었다. 오히려 친구가 사진을 찍는 것을 못마땅하게 여기던 사람이었다. 그러다 우연히 스마트폰으로 사진을 한 장 찍었는데, 예상 외로 사진이 잘 나왔다. 사진에 대한 기본적인 이해도 없이, 그저 무심코 찍은 한 장이 그를 바꾸어 놓았다. 당시 그가 사용하던 '아이폰4'는 카메라 성능이 뛰어난 편이었다. 그는 이후 사진 찍는 재미에 빠져 하루에도 수십 장씩 찍고, 인스타그램에 올리기 시작했다. 사람들이 남긴 반응과 '좋아요'는 그에게 즉각적인 만족감을 안겨주었고, 그 작은 보상이 계속해서 사진을 찍게 만들었다. 결국 그는 전시회를 열고, 책까지 출간하게 되었다.

서울공대를 졸업한 공학도였던 오병곤 작가는 대기업에서 임원 생활을 하다가 글을 쓰게 되었다. 처음부터 글쓰기를 꿈꾸거나 작가가 되겠다고 결심한 것은 아니었다. 어느 날, 회사 사보 담당자로부터 원고 요청을 받았고, 거절하려던 찰나 옆에 있던 신입사원이 도와주겠다고 나서는 바람에 마지못해 글을 썼다. 그런데 의외로 사내에서 그 글에 대한 반응이 좋았다. '내 글을 읽고 누군가가 공감해 준다'는 체험이 신선한 자극이 되었고, 그것이 그를 계속 쓰게 만든 결정적인 계기가 되었다.

이러한 사례들을 종합해 보면, 새로운 습관을 만드는 데 있어 핵심은 단순하다. 노력을 적게 들이되, 보상을 빠르게 얻는 구조를 만드는 것이다. 그것이 바로 '습관의 마중물'이다. 많은 사람들이 글을 써야겠다고 생각하면서도 쉽게 시작하지 못하는 이유는, 처음부터 거창한 목표를 세우기 때문이다. 책을 내겠다든가, 누구보다 잘 써야겠다든가 하는 거창한 목표는 오히려 글쓰기를 가로막을 수 있다. 그보다는 글 한 편을 써서 블로그에 올리고 누군가로부터 "재미있게 읽었다."는 댓글 하나를 받는 것을 목표로 하는 게 훨씬 나을 수 있다.

불교 사찰의 구조 역시 인간의 이런 심리를 잘 보여준다. 많은 사찰에는 부처님상 옆에 '신중단(神衆壇)'이 함께 자리 잡고 있다. 사람들은 종종 부처님보다는 신중단에 더 자주 기도를 드린다고 한다. 이유는 간단하다. 부처님은 기도하는 사람의 인생 전체를 고려해 '가장 좋은 방향'으로 인도해 주시지만, 신중단은 기도한 내용 그대로, 빠르게 이뤄주는 것으로 알려져 있기 때문이다. 장기적으로는 부처님에게 기도하는 것이 옳지만, 사람들은 당장의 바람을 이뤄줄 신중단을 더 많이 찾는다고 한다. 이 또한 인간이 단기 보상에 얼마나 강하게 반응하는지를 보여주는 상징적 사례다.

글쓰기를 시작한 지 20년이 넘었다. 블로그에 글을 쓰면서 즉각적인 피드백을 경험하지 못했다면, 이토록 오래 글을 쓰지는 못했을 것이다. 잘 쓰고 못 쓰고는 두 번째 문제다. 중요한 것은 일단 쓰는 것, 그리고 작은 보상이라도 빠르게 받는 구조를 만드는 것이다. 지금 당장 한 문단을 써 보는 것, 블로그에 짧은 단상을 올리는 것, 좋아하는 책 구절을 요약해 보는 것, 그 모두 것이 빠른 보상으로 이어질 수 있다.

요컨대, 꾸준함은 의지로만 유지되지 않는다. 작지만 자주 주어지는 보상이 있어야 인간은 움직인다. 무엇이든 시작하고 싶은 일이 있다면, 그리고 그것을 꾸준히 하고 싶다면, 그 일을 '즐겁게 반복할 수 있도록' 만들어야 한다. '적은 노력과 빠른 보상'—이 단순한 원리가 변화와 성장을 이끄는 가장 현실적이고 강력한 열쇠가 될 수 있다.

# 블로그 하라

●

"글도 사람처럼 혼자서만, 사적인 공간에서만 쓰면 성장할 수 없다. 글도 사람이랑 똑같다. 세상에 나와 부딪히고 넘어져야 글도 성장한다. 블로그에 일기를 한 장 쓰고 비밀글로 처리하면 글이 안 는다."

은유, 「비밀글만 쓰면 글은 늘지 않는다」

통계 분석회사인 닷러브스데이터는 호주 프로리그 축구팀 웰링턴 피닉스의 2년 치 경기 자료를 분석하여 홈팀 관중 증가와 홈팀 선수들의 경기력 향상에 대한 결과를 발표했다. 그에 따르면 47명의 관중이 늘어나면 경기당 팀의 패스 성공 개수가 1개 늘어난다. 관중이 55명 늘어나면 양질의 볼터치가 1개 늘어난다. 이런 식으로 볼터치가 38개 늘어나면 골대를 향한 슛의 개수가 1개 늘어난다. 관중 수가

2,000명 늘어나면 골대 안으로 들어가는 유효슈팅이 하나 더 증가한다.

관객효과라는 게 있다. '남이 보고 있다.'는 사실에 심리적 영향을 받아 아무도 안 보는 데서 하는 작업에 비해 작업의 질이나 양이 향상 또는 저하되는 효과를 말한다. 하지만 '다른 사람이 지켜본다.'는 사실에서 과도한 불안이나 긴장감 등을 느끼지만 않는다면 대체로 사람은 다른 사람이 지켜볼 때 더 나은 성과를 내는 경향이 있다.

블로그에 글을 올리는 일은 그림을 그려서 전시회를 하는 것과 유사하다. 내 블로그를 방문하는 하는 사람들은 갤러리다. 작업실에 쌓아 둘 목적으로 그림을 그릴 때와 전시회를 할 목적으로 그림을 그릴 때 어느 쪽에 더 정성을 쏟겠는가? 다른 사람한테 보여 줄 목적으로 글을 쓰게 되면 아무래도 신경을 더 쓰게 된다. 말이 되는지, 표현은 괜찮은지 한 번 더 보게 된다. 주어와 서술어의 일치도 살피게 되고, 의미가 명확한지도 살피게 된다. 퇴고도 안 할 수가 없게 된다. 결국 혼자 볼 목적으로 쓸 때보다 나은 글이 나온다. 공감이나 댓글이 달리면 성취감도 느낄 수 있다. 성취감은 또 다른 글을 쓰는 동력이 된다. 이런 과정을 거치면서 글이 조금씩 는다.

　프레드릭 베크만은 스웨덴의 무명 블로거에 불과했다. 그러던 그가 블로그에 '오베'라는 캐릭터에 관한 글을 올리자, 수많은 독자들이 '오베'에 관한 이야기를 써 보라고 권했는데, 그렇게 『오베라는 남자』가 탄생했다. 『생각 버리기 연습』으로 유명한 코이케 류노스케는 승려이자, 작가인데, 그의 작가 이력도 그저 블로그에 글을 올리는 것에서 시작되었다.

　『허핑턴포스트』는 블로그 미디어일 뿐이지만, 『뉴욕타임스』, 『월스트리트저널』 등 기라성 같은 기존 미디어를 누르고 미국 내 뉴스사이트 방문자 1위에 올랐다. 『허핑턴포스트』의 창업자이자 편집자인 아리아나 허핑턴은 출판사로부터 퇴짜 맞는 게 일이었던 가난하고 이름 없는 작가였다. 하지만 블로그를 시작하면서 '블로그 미디어'라는 새로운 미디어를 창출하고 미디어 여제로 등극했다. 성공 비결을 묻는 기자들의 물음에 그녀는 한마디로 말한다. "그냥 블로그 했을 뿐입니다."

　블로그를 하기로 마음먹었다면 우선 편하게 자주 쓸 수

있는 카테고리를 하나 만들면 좋다. 가령 일기 정도나 끼적일 수 있는 카테고리를 만들 수 있다. 따로 공부하고 싶은 분야가 있으면, 그 분야에 대한 카테고리도 하나 만들면 좋다. 글쓰기에 대한 메뉴를 만들 수도 있다. 그럴 경우 글쓰기에 대한 책을 꾸준히 읽으면서, 글쓰기 메뉴에 글을 쓴다. 글쓰기 메뉴에 올리려면 일단 글쓰기에 대해 읽은 내용을 정리해야 하기에 그 과정에서 글쓰기에 대한 배움이 견고해진다. 잡다한 메뉴를 여러 개 만들고 온갖 종류의 글을 쓰기보다는 몇 가지 메뉴를 만들고 해당 메뉴에 대한 글을 꾸준히 쓰는 편이 깊이 있는 배움을 위해서는 낫다. 처음부터 많은 방문자가 찾아오는 걸 기대해서는 안 된다. 처음에는 그저 남들이 내 글을 읽어 준다는 사실에 만족감을 느끼는 편이 낫다. 꾸준히 쓰다 보면 방문자는 저절로 늘어난다.

야구장이 1년 내내 썰렁하다고 생각해 보라. 선수들이 경기할 맛이 나겠는가? 선수들의 경기력이 늘겠는가? 혼자 하는 글쓰기는 정체되기 쉽다. 사람도 글도 세상에 나와야 성장한다. 블로그 하자. 블로그가 싫은 사람은 취향에 따라 페이스북을 비롯한 다른 SNS를 활용할 수도 있겠다.

# 카페에서
# 글쓰기

•

"심리학자 토드 헤서톤과 페트리샤 니콜스의 연구에 따르면, 인생에서 성공적인 변화를 이끌었던 사람들의 무려 36%가 '새로운 장소'로 이동한 것과 관련이 있었다. 게다가 변화를 위해서 새로운 장소로 이동했음에도 실패했던 확률은 13%에 불과했다. 성공적인 변화를 위해서 적절한 장소를 활용한다면, 열 명 중 아홉 명은 변화에 성공할 수 있다는 말이다."

고영성, 『어떻게 읽을 것인가』

변화는 결심만으로 이루어지지 않는다. 수많은 사람들이 "이번에는 정말 달라질 거야." 하며 다짐하지만, 며칠이 지나면 이전의 습관으로 되돌아간다. 그러한 반복된 실패 끝에 좌절하고, 스스로를 탓하고는 한다. 이때 많은 사람들은 자신의 '의지력 부족'을 문제 삼지만, 진짜 핵심은 '의지'가 아니라 '환경'에 있는 경우가 많다. 실제로 심리학자들은 수많은 실험을 통해 변화의 중요한 열쇠가 의지가 아닌 환경이라는 사실을 강조해 왔다.

고영성 작가의 사례는 이를 잘 보여준다. 그는 30살이 되기 전까지 책과는 별다른 인연이 없었다. 그저 평균적인 대한민국 성인처럼 1년에 10권 남짓, 혹은 그보다 적게 읽는 수준이었다. 그러나 그는 어느 순간부터 놀라운 독서가로 탈바꿈했다. 1년에 200권 이상 책을 읽는 다독가가 된 것이다. 사람들은 이런 전환을 두고 '대단한 의지력'이라고 생각하지만, 정작 고영성 작가는 자신의 의지를 믿기보다는 '환경을 바꾸는 전략'을 썼다고 고백한다. 그는 단순한 방법을 택했다. 퇴근 후 집으로 가지 않고, 책 한 권을 들고 카페로 향한 것이다.

카페는 집과는 전혀 다른 공간이다. 소파에 눕거나, 리모컨을 들어 티브이를 켤 수 없고, 침대에 누워 잠시 눈을 붙이는 일도 불가능하다. 또한 집에서처럼 잡다한 일들에 끼어들지 않아도 된다. 설거지를 해야 할 필요도, 청소를 해야 할 필요도 없다. 그런 점에서 카페는 일종의 '집중을 강제하는 공간'이 된다. 심지어 그는 "카페에 앉아 책을 읽는 것이 혼자 집에서 읽는 것보다 훨씬 더 기분이 좋았다."고 했다. 옆에 사람들이 있다는 것, 누구나 자신을 쳐다볼 수도 있다는 무의식적인 긴장감이 오히려 긍정적인 자극으로 작용했다고 한다.

나 역시 비슷한 이유로 카페에 가서 책을 읽고 글을 쓴다. 카페는 단순히 커피를 파는 곳이 아니다. 커피와 함께 '분위기'를 판매하는 곳이다. 쾌적한 조명, 적절한 온도, 편안한 좌석, 그리고 흐르는 음악까지. 이러한 요소들은 모두 감각을 자극하며, 감정을 안정시키는 역할을 한다. 감정이 안정되면 집중력이 높아지고, 집중력이 높아지면 독서와 글쓰기에 적합한 심리 상태가 된다. 글을 쓰는 사람에게 가장 필요한 것은 안정된 감정과 약간의 긴장감이 공존하는 공간이다. 카페는 이 두 가지를 모두 갖춘 장소다.

또한 카페의 분위기는 자연스럽게 나를 '일하는 모드'로 이끈다. 옆에 사람들이 있다 보니 자세를 바로 하게 된다. 엎드리거나 눈을 감을 수 없는 환경이 나를 각성시키기도 한다. 카페에 들어가면 음료 하나라도 꼭 주문해야 하는데, 얼마간 돈을 지불했다는 사실은 지불한 돈만큼의 가치를 얻어야 한다는 생각으로 이어진다. 본전 생각에 동기가 높아진다는 말이다. "조금만 더 써보자.", "다음 문단까지만 마무리하자."는 식으로 좀 더 오래, 좀 더 많이 글쓰기를 하게 된다는 말이다.

카페에 흐르는 음악과 사람들의 웅성거림 역시 중요한 역할을 한다. 심리학에서 이를 백색소음(White Noise)이라고 부른다. 백색소음은 일정한 수준으로 반복되는 소리로, 집중을 방해하기보다는 오히려 집중을 유도하는 효과가 있다. 도서관처럼 고요한 환경에서는 오히려 작은 소리 하나에도 민감하게 반응하게 되지만, 백색소음은 그 작은 소리들을 덮어주기 때문에 작업 지속 시간이 늘어나는 결과를 낳는다.

한편, 뇌 과학의 영역에는 카페에서 공부하기와 관련된 흥미로운 개념이 있다. 바로 '장소 뉴런'(Place Cell)이다. 장소 뉴런은 뇌의 해마(Hippocampus)에 위치한 신경세포로, 자신이 있는 위치를 기억하는 데 중요한 역할을 한다. 이 뉴런은 생소한 장소에 있을 때 더 활발히 작동하고, 해마 전체를 자극하여 기억력과 집중력을 높여주는 효과를 낳는다. 따라서 항상 같은 장소에서만 공부하거나 글을 쓰기보다는 가끔 새로운 공간을 찾는 것이 뇌에 긍정적인 자극을 줄 수 있다. 이 말은 곧, 가끔씩 익숙한 카페가 아닌 다른 카페에 가는 것이 좋다는 뜻이기도 하다. 다양한 장소가 자극이 되고, 그 자극이 창의력과 집중력의 원천이 되기 때문이다.

환경의 힘은 실로 강력하다. 인간은 의지보다 환경에 더 많이 영향을 받는다. 공부를 하고 싶다면, 굳게 마음먹는 것보다 책을 들고 도서관에 들어가는 것이 훨씬 낫다. 운동을 시작하려면 피트니스 센터에 등록하고 일단 몸을 들이밀어 보는 것이 낫다. 다이어트를 하려면 '의지'를 다잡는 대신 냉장고에서 음식을 치우는 것이 우선이다. 환경이 달라지면 행동이 바뀌고, 행동이 바뀌면 삶이 달라진다.

실제로 수많은 작가들이 카페를 집필 공간으로 삼았다. 『뼛속까지 내려가서 써라』의 저자 나탈리 골드버그는 매주 일요일마다 카페에 나가 글을 썼다. J.K. 롤링 역시 에든버러의 한 작은 카페에서 『해리 포터』 시리즈의 초고를 썼다고 알려져 있다. 카페는 단순한 공간이 아니라 그들을 몰입 상태로 이끌어주는 장소였던 것이다.

그러니 책을 읽고 싶다면, 글을 쓰고 싶다면, 무엇이든 몰입하고 싶다면, 의지를 시험하지 말고 환경을 설계하라. 카페에서 글을 써보라. 커피값 정도는 독서실비나 학원비 정도로 생각하라.

# 바인더로
# 묶어라

•

동기를 부여하는 방법은 한 가지뿐이다. 바로 '성공'이다. 좀 더 구체적으로 말하자면 일이 진행되는 것을 지켜보는 동안 점점 증가하는 도파민 수치가 동기를 부여해준다. 인생을 바꿀 정도의 엄청난 성공이 필요한 것은 아니다. 그런 성공은 아예 일어나지 않거나 너무 드물게 일어난다. 계속 동기를 유지하면서 포기하지 않고 목표로 나아가려면 작은 성공을 정기적으로 맛봐야 한다.

제프 헤이든, 『스몰빅』

어느 육아서에서 글쓰기 좋아하는 아이로 만드는 방법을 제시했다. 엄마는 아이가 어릴 때부터 아이가 하는 말을 종이에 적어서 그걸 하나둘 모았다. 충분히 모이면 그걸로 책을 만들었다. 아이가 좀 자라고부터는 아이가 직접 종이에 뭐라도 적게 했다. 낙서도 좋고 그림도 좋았다. 아이가 벽에 낙서를 하거나 글자를 적으면 그런 것도 사진 찍어 인쇄했다. 엄마는 그 모든 걸 모아서 멋지게 책으로 만들고 1권씩 1권씩 책장을 채워 갔다. 1권이 만들어질 때마다 엄마는 아이에게 축하파티를 열어 줬다. 별것도 아닌 걸 멋지게 포장해서 아주 그럴듯하게 책으로 만들어 준 후, 아이가 자라면 스스로 책을 만들게 한다는 게 요지였다.

난 그 육아서의 제안이 몹시 마음에 들었다. 내가 이 책을 본 게 18년 전쯤인데 당시 내가 쓰고 있는 글은 내게 즐거움을 주기는커녕 좌절감만 안겨 줄 뿐이었다. 글쓰기 자체에서 즐거움을 찾는 일은 쉽지 않았다. 글쓰기 자체가 아닌 글쓰기에 부수적으로 따르는 즐거움을 찾아야만 했다. 난 그 육아서의 제안을 받아들였다. '일단 좀 못한 글이라도 써서 멋지게 포장하자.', '1권 1권 내 책으로 책장을 채워 가는 재미로 글을 쓰자.'

지금은 '에버노트'라는 프로그램에 글을 쓰기도 하지만 예전에는 무조건 '아래아 한글'에 글을 썼다. '아래아 한글'은 글자 크기 10으로 기본 세팅되어 있는데 난 늘 글자 크기 12나 14 정도로 해 놓고 글을 썼다. 1페이지를 빨리 채우기 위해서였다. 글자 크기 10으로 1페이지를 채우려면 시작부터 부담스럽다. 글자 크기를 큼직하게 해 놓고 시작해야 금방 1페이지를 쓸 수 있고 성취감을 느낄 수 있다. 양쪽 여백을 늘리는 방법도 있다. 얼마 안 적어도 1페이지를 채우게 되니 부담감이 없어서 좋았다.

주로 일기를 쓰면서 가끔 말도 안 되는 내 생각을 끼적였고 그도 여의치 않으면 책을 읽다가 밑줄 친 부분을 적었다. 멋진 문장, 명언 등을 적어 넣기도 했다. 가끔 사진을 찍어서 그림일기를 쓰기도 했다. 이렇게 하니 하루에 1페이지는 쉽게 채울 수 있었다. 이렇게 100페이지 정도 쓰면, A5지에 출력을 해서 A5 바인더로 묶었다. 표지도 붙였다. 그렇게 책(?) 1권 만들고 나면 '세계 맥주집'에 가서 좋아하는 '호가든 생맥주'를 한잔했다. 이런 방법으로 책꽂이에 1권씩 채워 갔다. 그리고는 생각했다. '비록, 지금은 아무도 읽지 않을, 오직 나만을 위한 책을 쓰고 있지만 내가 이런 식으로 50권, 100권 쓰다 보면 언젠가는 다른 사람들이 읽고 싶어 하는 책을 쓸 수도 있지 않을까?'

이렇게 지금까지 1만 페이지 정도 되는 글을 썼다. 요즘도 어디 가서 "나 글 쓴다."라고 말하는 게 쑥스럽지만 어쨌거나 처음 글을 쓸 때에 비하면 장족의 발전이 있었다.

남들은 뭐라 하건 쉼 없는 노력 끝에 이만큼 성장한 내 글이 기특하고 자랑스럽다.

이미 글 잘 쓰는 사람들은 자기가 쓴 글을 보면서 즐거움을 느낄 법도 하다. 하지만 글쓰기 초심자들은 그게 쉽지 않다. 글쓰기 자체에서는 즐거움을 찾기 어렵다는 말이다. 그러니 처음에는 글쓰기 자체가 아니라, 글쓰기와 연관된 즐거움을 먼저 찾아보자.

좀 못한 글이라도 부담 없이 써서는 바인더로 멋지게 묶자. 나는 주로 '3P 바인더'라는 A5 사이즈 바인더를 사용한다. A4 바인더는 다소 큰 느낌이 있다. 좀 못한 글도 인쇄해서, 바인더로 묶고, 거기에 멋지게 제목까지 붙이면 제법 그럴듯하다. 그렇게 책꽂이에 1권씩 채워 가라. 열정이 성취를 부르지만 성취가 열정을 부르기도 한다. 열정과 성취는 서로 북돋운다. 1권씩 쌓여 가는 바인더를 보면서 글쓰기에 대한 없던 열정도 생길 수 있다.

싫은 걸 참고 하는 데는 한계가 있다. 이는 글쓰기에도 적용된다. 글쓰기와 연관된 쾌감을 늘리도록 하자. 편하게 글을 써서 바인더로 묶는 일은 크게 부담스럽지 않으면서도 즐겁다. 한번 해 보시라. 혹시 아는가? 나처럼 1만 페이지도 넘게 쓸 수 있을지? 여러분도 나처럼 이런 책이라도 1권 쓰게 될지?

# 의지와 열정이라는
# 두 바퀴

•

"프로가 된다는 것은 자신이 사랑하는 일을, 하고 싶은 기분이 들지 않는 날에도 열심히 한다는 뜻이다."

줄리어스 어빙, 전 NBA선수

 미국 스탠퍼드 경영대학원에서는 초콜릿 케이크를 활용한 의지력 연구를 진행했다. 학생들을 두 그룹으로 나누어 한쪽 그룹에게는 2자리 숫자를 외우게 하고, 다른 그룹에게는 7자리 숫자를 외우게 했다. 학생들은 다른 장소로 이동하도록 요청받았는데, 이동하는 동안에도 숫자를 머릿속에 되뇌어야 한다는 조건이었다. 학생들이 이동하는 통로에는 마음대로 먹을 수 있는 간식이 준비되어 있었는데, 달콤하지만 건강에 해로운 초콜릿 케이크와 건강에 좋지만 맛이 덜한 생과일이었다. 학생들은 둘 중 하나만 집을 수 있었다. 실험결과 7자리 숫자를 외우면서 이동한 학생들이 초콜릿 케이크를 더 많이 집었다.

이스라엘 교도소에서 가석방 심사를 했다. 심사관들은 10개월 동안 1,112건의 죄수를 심사했다. 심사관들은 가석방을 찬성하는 측과 반대하는 측의 이야기를 청취한 뒤, 6분 안에 가석방 여부를 결정했다. 심사관들에게는 하루에 두 번 휴식 시간이 주어졌다. 심사대상자들이 대부분 형기가 긴 중범죄자들이라는 점을 감안하면 심사는 엄정하게 이루어져야만 했다. 그런데 재미있는 통계가 나왔다. 이른 아침과 두 번의 휴식 시간 직후에는 가석방 승인율이 65%에 달했지만, 휴식 시간 직전과 일과 종료 시점에는 가석방 승인율이 0%에 가까웠다.

7자리 숫자를 외우면서 이동한 학생들이 몸에 해로운 초콜릿 케이크를 더 많이 집어 든 것이나, 가석방 심사관들의 승인율이 일정하지 않았던 것은 의지력과 관계있다. 7자리를 외우면서 이동한 학생들은 2자리를 외우면서 이동한 학생들보다 의지력을 더 많이 소진했다. 의지력이 더 많이 소진된 학생들은 몸에 해로운 줄 알고도 초콜릿 케이크를 더 많이 집어 들었다. 의지력이 소진되자 자제력도 떨어진 것이다. 가석방 심사관들의 경우도 마찬가지다. 심사관들은 의지력이 충분한 이른 아침이나, 휴식 시간 직후에 비해 의지력이 고갈된 휴식 시간 직전과 일과 종료 시점에 일을 그르쳤다.

김연아가 아무리 피겨를 좋아했다고는 하지만 김연아에게도 피겨연습을 하기 싫은 날이 있었을 것이다. 발레리나 강수진이 발가락이 문드러질 정도로 연습하는 걸 좋아했다고는 하지만 강수진도 발레연습하기 싫은 날이 있었을 것이다. 열정은 어느 순간 식을 수 있다.

사람을 움직이는 두 엔진은 의지와 열정이다. 의지력은 체력과 비슷한 점이 있다. 쓰면 소진되고, 쓰지 않으면 충전된다. 한계가 있는 자원이므로 함부로 써서는 안 된다. 열정은 '하고 싶은 마음'이다. 의지와는 달리 쓴다고 소진되지 않는다. 그러나 열정이라고 영원하지는 않다. 어느 순간 거짓말처럼 사라지기도 한다. 글을 꾸준히 쓰기 위해서는 의지와 열정 모두 필요하다. 열정이 소진된 날에는 의지로 쓰고, 의지가 소진된 날에는 열정으로 글을 써야 한다.

의지는 심신의 컨디션과 관계가 있다. 체력이 떨어지거나 마음이 고단하면 의지도 함께 약해진다. 체력이 고갈될 정도로 몸을 많이 쓰는 것도 지나치게 많은 일에 매달리며 마음을 시달리게 하는 것도 의지력을 고갈시킨다. 기복 없는 꾸준한 글쓰기를 원한다면 과로하지도 말고 마음을 고단하게 하지도 말아야 한다.

세계적인 리더십 전문가 존 맥스웰에 따르면, 열정이 성과를 부르기도 하지만 성과가 열정을 부르기도 한다. 열정과 성과는 서로 순환한다. 성과를 잘 관리하면 열정을 유지할 수 있다. 성과라고 해서 꼭 거창한 성과일 필요는 없다. 글을 써서 블로그에 올렸는데 공감이나 댓글이 달리는 것도 성과이고 별것도 아닌 글을 인쇄해서 멋지게 바인더로 묶어 책으로 만들어 두는 일도 성과다. 투고도 성과가 될 수 있다. 작가 수준의 글쓰기 능력을 갖추지 않아도 쓴 글을 투고할 수 있는 기회는 많다. 투고한 원고가 채택이 되면 성과가 되고 그렇지 않더라도 투고하는 과정에서 글쓰기 능력을 키울 수 있으니 남는 장사다.

비행기에는 2개의 엔진이 달려 있다. 한쪽 엔진이 멈추면 다른 쪽 엔진이 가동된다. 비행기는 한쪽 엔진만으로도 날 수 있도록 설계되어 있다. 2개의 엔진으로 나는 비행기처럼 꾸준한 글쓰기도 의지와 열정이라는 2개의 동력을 필요로 한다. 의지와 열정을 적절히 관리하면 꾸준한 글쓰기를 할 수 있다.

# 글쓰기
# 뇌를 장착하라

●

"전업 작가로 살고 싶다면 평범한 뇌를 비범한 '작가의 뇌'로 바꿔라! 작가의 뇌는 태어날 때 받은 하늘이 내린 재능이 아니라 후천적인 학습과 훈련을 통해 얻어진다. (…) 30년 가까운 세월 동안 전업 작가로 살면서 작가의 뇌란 곧 글쓰기 장인(匠人)의 뇌라는 비밀을 알아냈다. 오, 유레카! 날마다 꾸준히 술을 마시는 사람의 뇌가 알코올중독자의 뇌로 바뀌듯이 지난 30년간 날마다 책 읽고 글 쓰는 전업 작가로 살면서 내 둔한 뇌가 작가의 뇌로 변환된 사실을 깨달았다."

장석주, 『나를 살리는 글쓰기』

현악기 연주자들은 왼손을 빠르고 정확하게 움직여야 한다. 정확한 음을 내기 위해서는 상당한 기간의 연습을 필요로 한다. 오랜 트레이닝을 거친 현악기 연주들의 뇌를 자기공명 영상장치로 찍어 보면 촉각 정보를 처리하는 감각

피질 중 왼손을 담당하는 영역이 일반인들에 비해서 크다고 한다.

영국 런던에는 4만 개가 넘는 골목길이 있다. 과거 런던 택시기사들은 내비게이션 없이 이 복잡한 경로를 찾아다녀야 했다. 그들은 수많은 경로를 기억해야 할 필요가 있었는데 이를 위해서 단기기억을 담당하는 해마의 기능이 뛰어나야 했다. 런던에서 오래 운전한 택시기사들은 일반인들보다 해마의 크기가 훨씬 컸다.

오랫동안 뇌는 12세 무렵에 완성되어 변하지 않는 것으로 알려졌으나 2004년 『네이처』지의 발표에 따르면 이는 사실이 아니다. 대학생들을 상대로 저글링을 시켰더니 두정엽과 측두엽의 부피가 커졌다. 뇌는 경험이나 훈련, 학습을 통해서 발달한다. 이를 뇌의 가소성이라고 한다. 현악기 연주자들과 런던 택시기사들의 사례도 뇌의 가소성을 뒷받침한다.

뇌의 가소성은 독서에도 적용된다. 미국 터프즈대 교수 매리언 울프에 따르면 인간은 말하고 듣는 능력을 선천적으로 갖추고 태어나는 반면, 읽는 능력은 애를 써서 만들어야 한다. 개인차가 있지만 아이들은 대개 두 돌이 지나면 말을 배우기 시작한다. 유전자 속에 이미 말을 배우는 능력이 내장되어 있기 때문이다. 하지만 읽기 능력은 노력해야 만들어진다. 매리언 울프는 자신의 저서 『책 읽는 뇌』에서 글을 자꾸 읽으면, 뇌가 책 읽기에 적합한 뇌로 바뀐다고 했다.

뇌의 가소성은 글쓰기에도 적용된다. 글쓰기를 담당하는 부위는 원래 뇌에 없다고 한다. 글을 안 쓰던 사람이 글을 쓰면 다른 일을 담당하는 뇌 부위가 글쓰기를 맡는다. 그래서 글쓰기를 처음 하는 사람들은 글쓰기를 어려워한다. 그럼에도 계속 글을 쓰면 뇌는 점점 글쓰기에 적합한 뇌로 변해 간다. 글쓰기를 담당하는 뉴런이 많아지고, 소위 '글쓰는 뇌'가 만들어진다. 이런 이유로 무수한 시간을 피아노 앞에서 보낸 피아니스트가 현란한 손놀림을 보여 주듯, 오랜 시간 책상 앞에서 글을 쓴 작가들은 깊은 내공이 느껴지는 글을 써낼 수 있게 된다.

처음부터 글쓰기를 좋아하는 사람은 드문데, 글쓰기 싫어하는 마음도 꾸준히 쓰다 보면 달라질 수 있다. 『몰입』의 저자 황농문의 대학시절 전공은 재료공학이었다. 하지만 재료공학은 그의 적성에 맞지 않았다. 그는 평생 좋아하지도 않는 전공에 몰두해야 한다는 생각에 한없이 우울하고 막막했다. 그런데 의도적으로 몰입하면서 전공이 좋아졌다고 한다. 그는 이 경험으로 어떤 일이든 오랜 기간 몰입하다 보면 자연스레 그 일을 좋아하게 된다는 사실을 발견했다. 황농문은 연극무대에 빗대어 싫은 일이 좋아지는 과정을 설명했다. 그의 설명을 요약하면 다음과 같다.

의식에는 표면의식과 무의식이 있다. 표면의식이 연극의 무대라면, 무의식은 관객이다. 의지는 연극을 연출하는 감독이다. 감독(의지)이 무대에 자기가 원하는 배우를 올린다. 관객(무의식)이 싫어하는 배우를 올리면, 관객(무의식)은 저항한다. 잡생각이 올라오고, 주의가 흐트러진다. 감독이 올린 배우가 자꾸 무대(표면의식)에서 사라진다. 하지만 감독이 의지를 갖고 자신이 원하는 배우를 올리다 보면, 관객(무의식) 중 일부가 그 배우를 좋아하게 된다. 이런 과정이 반복되면, 점점 더 많은 관객들이 그 배우를 좋아하게 된다. 잡생각도 덜 나고, 몰입도가 높아진다. 이런 과정이 충분히 반복되면, 급기야 무의식은 감독이 올린 배우를 저항 없이 받아들이게 된다. 완전한 몰입이 가능해진다.

처음부터 글을 잘 쓰는 사람은 없고, 처음부터 글 쓰는 걸 좋아하는 사람도 드물다. 그럼에도 의지를 가지고 자꾸 쓰다 보면 글 쓰는 뇌가 장착되고 글쓰기에 점점 몰입할 수 있게 된다. 뇌가 글쓰기에 적합하게 변한다. 나중에는 별 힘을 들이지 않아도 제법 그럴듯한 글을 쓸 수 있게 된다. 처음부터 무리를 할 필요는 없다. 조금씩이라도 꾸준히 쓰자. 그러다 보면 글 쓰는 뇌가 만들어진다.

## 함께 써라

●

"군대에 있을 때 우리 부대에 덕이 높은 스님이 찾아온 적이 있었다. 병사 한 명이 찾아가 넙죽 삼배를 하고 질문을 했다. '스님, 어떻게 하면 담배를 끊을 수 있습니까?' '담배를 끊을 수 있는 도반을 만들어라.' 도반은 '도를 같이 닦는 벗'을 의미한다. 도반을 잘 만나는 것이 성취의 절반이다. 짐도 나눠 들면 가볍고, 천 리 길도 같이 가면 수월하다. 최전방으로 배치되거나 힘든 보직을 부여받는다는 소문이 있음에도 동반 입대가 군 입대 예정자들 사이에서 관심이 높은 이유다."

한재우, 『혼자 하는 공부의 정석』

하버드대학 니콜라스 크리스타키스 교수는 32년 동안 12,067명을 추적 연구했다. 그의 연구 결과에 따르면 비만인 사람과 가까이 지내는 사람은 비만이 될 확률이 비약적으로 증가한다. 가령 배우자가 비만이면 비만이 될 확률이

37% 높아진다. 형제가 비만인 사람은 자신도 비만이 될 확률이 40% 정도 높다. 또한 니콜라스 크리스타키스 박사는 미국 중서부 남자 대학생들을 대상으로 연구했는데, 그 결과도 흥미롭다. 술을 많이 마시는 사람과 룸메이트가 되면 학점이 평균 0.25점 하락한 것으로 나왔다. 우리는 은연중에 가까이 있는 사람들에게 영향을 받는다.

영국 플리머스 대학의 시몬 슈날 교수는 한 연구에서 사람들에게 언덕길을 오르게 하고 그 언덕의 높이와 오르기 힘든 정도를 추측하게 했다. 그 결과 친구와 함께 오른 사람은 혼자 오른 사람에 비해 무려 15%나 언덕 높이를 더 낮게 추측했다. 친구와 함께 오를 때 힘이 덜 들었다는 이야기다. 같은 일이라도 함께하면 '시너지효과'가 발생할 수 있다.

김민영 외 4명의 저자가 함께 쓴 『이젠, 함께 쓰다』라는 책이 있다. 이 책은 함께 쓰기를 역설한다. 이 책이 함께 쓰기를 주장하는 데에는 몇 가지 이유가 있다. 우선 함께 쓰면 마감 효과가 있다. 아마추어의 글쓰기에는 마감이 있을 수 없다. 청탁이나 계약을 하고 쓰는 것이 아니기 때문이다. 그러나 함께 쓰면 가능하다. 함께 쓰는 모임에 참석하기 위해서 마감을 지켜야 한다. 또한 함께 쓰면 자기 글을 객관적으로 보는 데 도움이 된다. 혼자 쓰는 글은 위험할 수 있다. 글쓰기의 목적은 다른 사람들과의 소통인데, 혼자 쓰다 보면 내 글이 어떻게 읽히는지 알 수 없기 때문이다. 또 내 글에 대한 다른 사람들의 의견을 들으면 글의 완성도가 높아질 수 있다는 장점도 있다. 자기 글을 다른 사람들에게 공개하는 걸 부담스러워 하는 사람들이 많은데, 자꾸 공개하는 과정에서 글을 공개하는 일에 익숙해질 수도 있다. 글 쓰는 습관을 들이는 데도 도움이 될 수 있다.

나탈리 골드버그는 시인이자 화가, 세계적인 글쓰기 교사이다. 대표 저작인 『뼛속까지 내려가서 써라』는 수십 개의 언어로 번역되어 150만 부 넘게 팔렸다. 그녀의 삶과 글쓰기는 〈오프라 윈프리 쇼〉에 소개되기도 했다. 나탈리 골드버그는 선불교에 심취하기도 했는데, 명상법의 일환으로 글쓰기를 시도했다. 그녀의 삶은 글쓰기 자체였다. 그녀도 작가 지망생 시절에는 글쓰기 모임을 나가서 함께 글을 썼다. 글쓰기 모임은 특별할 게 없었다. 그저 일요일마다 카페에 모여서 함께 글을 쓰는 것이 전부였다. 그녀는 그런 모임이 글쓰기에 도움이 되었고 함께하는 사람이 있다는 사실만으로도 계속 글을 쓸 수 있는 힘이 생겼다고 한다.

늘 함께 쓸 수는 없겠지만, 1주일 한 번 정도 특정 장소에 모여서 글을 쓰는 일은 기분 전환에 도움이 되고, 글쓰기의 외로움도 덜어 줄 수 있다. 멤버 중에 다른 멤버들의 글쓰기를 이끌고, 지도할 수 있는 역량을 갖춘 멤버가 있으면 좋지만, 그렇지 못한 경우도 상관없다. 평소에는 웹상에서 서로의 글에 반응하고, 1주일에 한 번 정도 적당한 시간과 장소를 정해서 오프라인에서 함께 글을 쓰면 된다.

"빨리 가려면 혼자 가고, 멀리 가려면 같이 가라."는 인디언 속담이 있다. 문우들이 옆에 있다는 것은 큰 위안이 된다. 산사에서 수십 년씩 수련을 하는 스님들의 경우를 생각해 보라. 함께 수행하는 도반이 있는 경우와 없는 경우를 가정해 보라. 어느 쪽이 수월하겠는가? 피트니스에서 운동을 하는 경우도 마찬가지다. 아무리 시설이 좋아도 함께 운동하는 사람들이 없다면 효과가 떨어진다. 글쓰기는 하루아침에 늘지 않는다. 글쓰기는 먼 여정이다. 가능하다면 함께 가라.

# 15분 글쓰기

●

"가끔씩 공부가 지독하게 안 되는 날이 있다. 억지로 앉아 있으니 차라리 바람이라도 쐬면서 기분 전환을 하는 편이 좋겠다 싶은 그런 날이다. 그러면 나는 '과감하게' 공부를 중단한다. 대신 바로 자리를 뜨지 않고 마지막 과제를 스스로에 부여한다. 딱 15분만 더 공부하기. 그리고 가벼운 마음으로 짧은 시간 동안 급가속하는 레이싱 카처럼 집중력을 쏟는다. 경험상 이렇게 하면 두 가지 장점이 있다. 첫째, 그날은 그만두더라도 다음 날 공부를 시작하기가 쉬워진다. 둘째, 급가속하는 15분 동안 다시 공부할 마음이 나기도 한다. 그러면 계획대로 공부를 계속하면 된다."

한재우, 『365 공부 비타민』

글을 잘 쓰기 위해서는 무엇보다도 꾸준히 쓰는 게 중요하다. 그런데, 꾸준히 쓴다는 게 말처럼 쉽지 않다. 글 쓰고 싶은 마음이 하나도 없는 날이 있다. 그런 날에는 방바닥에서 책상까지의 거리가 서울에서 부산까지보다 멀게 느껴진다. 그런 날에는 일단 책상에 가서 앉는 것부터 시작해야 한다. 책상에 앉아서 그냥 컴퓨터만 켜 놓는다. 그리고는 웹서핑을 하든 음악을 듣던 일단 조금 버텨 본다. 글을 쓰려 책상에 앉는다고 생각하지 말고 그저 책상에 가서 앉는다고 생각한다.

탈무드에는 "0부터 1까지가 1부터 100까지 거리보다 멀다."라는 말이 있다. 일단 책상에 가서 앉는 데 성공하면 그다음부터는 수월할 수 있다. "성공의 8할은 일단 출석하는 것."이라는 말이 있다. 쓰기 싫은 날도 일단 책상에 앉으면 글을 쓰게 될 가능성이 높아진다. 무라카미 하루키도 이 방법을 활용했다. 그는 쓰고 싶든 쓰고 싶지 않든 무조건 책상으로 가서 버텼다. 그는 이렇게 말했다.

●

"비록 한 줄도 써지지 않더라도 어쨌든 일단 앉는다. 아무튼 그 책상에서 2시간 동안 버티고 앉아 있는 것이 우선이다."

책상으로 가서 컴퓨터를 켜는 것에 성공했다면 15분 글쓰기를 시도한다. '뭐든 좋으니 15분 동안만 쓰자.'고 마음먹는다. 15분만 쓰자고 마음먹으면 일단 마음이 편해진다. 가벼운 마음으로 쓰기를 시작할 수 있다. 일기든 모닝페이지, 다른 종류의 글이든 15분 정도 쓰는 데 성공했다면 미련 없이 자리에서 일어나도 좋다. 비록 짧은 시간이기는 하지만 전혀 쓰지 않는 것보다는 낫고 조금이라도 쓰면 대개 다음 날 글쓰기는 더 쉬워진다. 그러니 15분 글쓰기에 성공했다면 미련 없이 자리를 박차고 일어나도 좋다. 다만 더 쓰고 싶은 마음이 생기면 조금 더 쓴다. '이왕 쓰기 시작했으니 뭐든 좀 더 쓰자.'는 마음이 생기거든 조금 더 써도 좋다. 15분 글쓰기는 대개 20분, 30분 글쓰기로 이어진다. 일단 시동이 걸리면 애초의 예정보다 멀리 가게 마련이다.

정신의학자 에밀 크레펠린에 따르면 우리 뇌는 몸이 일단 움직이기 시작하면, 멈추는 데 에너지가 더 소모된다고 보고 하던 일을 계속하는 게 더 합리적이라고 판단한다.

『잠자기 전 30분』을 쓴 다카시마 데쓰지에 따르면 우리 뇌에는 의욕의 뇌라는 부위가 있다. 그걸 슬쩍 자극하기만 하면 없던 의욕이 생긴다. 의욕의 뇌를 자극하는 방법은 뭘까? 일단 시작하고 보는 것이다. 일단 시작하게 되면, 측좌핵이 자극되고, 측좌핵은 자기흥분을 일으킨다. 자극된 측좌핵은 없던 의욕을 불러일으킨다.

운동하기 싫은 날도 일단 피트니스 클럽에 가면 뭐든 하게 마련이다. 15분 글쓰기도 이와 같다. 글쓰기 싫은 날도 일단 몸을 책상 앞에 던져 놓고 보는 것이다. 그러면 대개 뭐든 쓰게 마련이다. 그렇게 매일 쓰는 습관을 이어 갈 수 있다.

# 20초 법칙

●

"새벽 운동을 하기 위해 잠자리에 들기 전, 다음 날 아침 어디서 무슨 운동을 할지 정하고 이를 운동일지에 적었다. 또 일어나자마자 신을 수 있도록 운동화를 가지런히 꺼내 놓았다. 가장 중요한 것은 잠옷 대신 트레이닝복을 입고 양말을 신은 채 잠자리에 들었다. 이렇게 잠이 들면 다음 날 아침 눈을 떴을 때 내가 선택할 일은 운동화를 신고 밖으로 나가는 일뿐이었다."

제임스 클리어, 『아주 작은 습관의 힘』

---

 습관 전문가 제임스 클리어는 그의 저서 『아주 작은 습관의 힘』에서 새벽 운동을 습관화하기 위해서 그 자신이 활용한 전략을 소개했다. 그는 잠자리에 들기 전, 다음 날 아침 어디서 어떤 운동을 할지를 미리 정하고, 그것을 운동일지에 적어두었다. 이 기록은 단순한 계획이 아니라, 그

자신과의 약속이자 실행을 강제하는 도구였다. 또 눈을 뜨자마자 망설임 없이 움직일 수 있도록 운동화를 미리 가지런히 꺼내놓았다. 벽 한쪽에 가지런히 놓인 운동화는 그에게 조용하지만 분명하게 말하고 있었다. "내일 아침, 넌 이걸 신고 나가야 해."

하지만 가장 결정적인 준비는 따로 있었다. 그것은 바로 잠옷 대신 운동복을 입고, 양말까지 신은 채 잠자리에 드는 것이었다. 이는 그가 다음 날 아침, 다른 선택을 할 가능성을 미리 차단하기 위한 것이었다. 눈을 뜨는 순간, 그가 해야 할 유일한 행동은 운동화를 신고 밖으로 나가는 일이었다. '결정하지 않아도 되는 환경'을 미리 만드는 것, 그것이 그가 새벽 운동을 습관화하기 위해 사용한 전략의 핵심이었다.

영화 〈쇼퍼홀릭〉에서 주인공은 충동구매를 막기 위해 신용카드를 얼음 속에 넣고 얼렸다. 그 얼음을 녹이는 데는 10분 이상이 걸리기 때문에, 이 짧지 않은 시간 동안 그는 다시 한번 자신의 결정을 생각하게 된다. 결국 그는 구매를 포기하게 된다. 이처럼 '실행에 이르기까지의 시간'은 인간의 행동을 좌우하는 매우 중요한 요소다.

『행복의 특권』의 저자 숀 아처는 음악과 함께하는 삶을 꿈꾸며 기타를 배우기로 결심했다. 하지만 매일 연습하겠다는 다짐은 번번이 흐지부지되었다. 그는 자신이 왜 꾸준히 연습하지 못하는지를 곰곰이 생각했다. 그러다 기타를 꺼내기 위해 장식장 문을 열고 꺼내오는 '사소한 과정'이 귀찮음을 유발하는 주요 요인이라는 사실을 발견했다. 그래서 그는 기타를 아예 거실 한가운데 두기로 했다. 결과는 놀라웠다. 단지 손이 닿는 곳에 기타가 놓여 있다는 이유만으로 그는 매일 기타를 연습하게 되었고, 3주가 지나자 자연스럽게 습관이 되었다.

이 경험을 바탕으로 숀 아처는 '20초 법칙'을 제안했다. 이는 어떤 행동을 시작하기까지 20초 이상 걸리면 사람은 쉽게 포기한다는 원리를 말한다. 반대로 어떤 것을 습관화하고 싶다면, 그 행동을 시작하기까지의 시간과 절차를 20초 이내로 줄여야 한다. 예를 들어, 독서를 습관화하고 싶다면 책을 책상 위에 올려놓아 손만 뻗으면 잡을 수 있도록 해야 한다. 반대로 줄이고 싶은 습관이 있다면, 그것까지 도달하는 데 20초 이상 걸리게 만들면 된다. 텔레비전을 덜 보고 싶다면 리모컨을 높은 선반 위나 다른 방에 두는 것이다.

글쓰기도 마찬가지다. 글을 쓰고 싶다는 마음이 들었을 때, 그것을 실행에 옮기기 위한 시간이 짧을수록, 절차가 간단할수록 습관화는 더 쉽게 이루어진다. 그래서 나는 고물 노트북을 최신형으로 교체했다. 이전의 노트북은 부팅하는 데만 최소 3분 이상이 걸렸다. 글을 쓰기 위해 자리에 앉고 나서도 인내심이 필요했다. 하지만 새 노트북은 부팅 속도가 10초도 채 걸리지 않았다. 그만큼 글을 시작하는 속도도 빨라졌다. 그 결과, 글을 더 자주 쓰게 되었고, 더 많이 쓰게 되었다.

또한 블루투스 키보드를 이용해 스마트폰으로 글을 쓰는 방식도 내게 큰 도움이 되었다. 블루투스 키보드는 작고 가벼워서 어디든 가지고 다닐 수 있다. 노트북처럼 복잡한 세팅이 필요 없고, 스마트폰만 있으면 언제 어디서든 바로 글을 쓸 수 있다. 길을 걷다가도, 버스를 기다리다가도, 혹은 공원 벤치에 앉아 있다가 문득 떠오른 아이디어를 곧바로 글로 옮길 수 있다. 이런 즉시성과 편의성은 글쓰기의 습관화를 돕는 데 매우 큰 역할을 한다.

나는 한때 건강을 위해 기수련을 꾸준히 하던 시절이 있었다. 수련의 효과도 분명히 있었다. 수련을 마친 날엔 몸이 가볍고 기분도 상쾌했다. 하지만 얼마 가지 않아 중단하고 말았다. 물론 의지 부족이 큰 원인이었겠지만, 수련 전 도복으로 갈아입어야 하는 번거로움, 끝나고 다시 옷을 갈아입어야 하는 수고스러움이 무의식중에 커다란 저항으로 작용했던 것 같다. 수련장에 가기 전에 이미 마음이 무거워졌고, 이 무거움은 수련 자체보다 더 큰 부담으로 다가왔다.

내가 사는 집에는 진공청소기가 두 대 있다. 오래된 유선 청소기와 새로 산 무선청소기다. 유선청소기는 무겁고 코드를 연결해야 하니, 청소를 하려면 마음의 준비가 필요했다. 반면 무선청소기는 가볍고 바로 들고 쓸 수 있다. 그래서 자주 청소를 하게 된다. 눈에 띄는 머리카락이나 먼지가 있으면 주저하지 않고 바로 청소기를 든다. 장비에 대한 접근성이 청소 빈도를 결정짓는다는 것을 몸소 체험하고 있다.

글쓰기도 마찬가지다. 글쓰기는 가급적 올라야 할 계단도 없고, 따로 열어야 할 대문도 없는 시골집처럼 되는 게 좋다. 글을 쓰기까지의 절차가 너무 복잡하면 시작도 못 하고 주저앉을 가능성이 높아진다. 습관을 만들기 위해 가장 먼저 할 일은, 그 행동을 '시작하기 쉽게' 만드는 것이다.

# 골라 쓰기

•
"자기관리를 잘하는 이들에게는 억지가 없다. 그들은 자기 마음의 결을 따라갈 줄 알기 때문이다. 밀어붙이지 말고 가슴이 원하는 대로 하라. 지하철 독서도 그렇다. 나는 책을 열 권 남짓 챙겨서 집을 나선다. 많은 책 가운데 그때그때 내가 원하는 책을 골라 읽기 위해서다."

이권우, 『호모부커스』

나루케 마코토는 『책, 열권을 동시에 읽어라』에서 여러 권을 동시에 읽는 초병렬 독서법을 권했다. 여러 권을 동시에 읽으라고 하면, 읽은 내용이 헷갈리고 집중이 되지 않는 걸 걱정하는 사람들이 있는데, 그는 오히려 여러 권을 한꺼번에 읽는 편이 집중력을 유지하는 데 좋고 책의 내용을 파악하는 데도 유리하다고 했다. 한 권을 완독하는 일은 자칫 지루해지고 지치기 쉬워서 많은 시간과 에너지를 사용하고도 내용이 잘 기억나지 않는다. 반면, 여러 권을 동시에 읽으면 짧은 시간에 그 책의 취지와 세계관을 파악하려 하게 되기 때문에 집중력이 높아지고 기억에도 많이 남는다는 것이다.

일본의 지성 다치바나 다카시도 여러 권을 동시에 들고 다니면서 읽었는데 딱딱한 책과 가벼운 책을 늘 함께 가지고 다녔다. 기운이 있을 때는 딱딱한 책을 읽고 피곤하면 가벼운 책을 읽었다. 난 늘 3~4권의 책을 가방에 넣고 다닌다. 정신을 집중해야만 읽을 수 있는 책을 들고 다니는가 하면 어지간히 정신줄만 놓지 않으면 읽을 수 있는 책도 들고 다닌다. 묵직한 인문학책을 들고 다니는가 하면 만화세계사 따위의 가벼운 책을 들고 다니기도 한다. 여러 권을 들고 다니면서 그날 컨디션에 맞는 책을 집어 든다. 심신이 몹시 고단한 날은 가볍게 읽을 수 있는 책을 읽고 컨디션이 괜찮은 날은 묵직한 책도 마다하지 않는다.

묘한 건 가벼운 책을 읽다 보면, 읽기 싫었던 묵직한 책도 읽고 싶어지는 경우가 많다는 것이다. 가령 고단해서 가볍게 읽을 수 있는 책을 집어 들었는데 읽다 보니 어느 순간 읽고 싶지 않았던 묵직한 책도 읽고 싶어진다. 그 반대 경우도 있다. 묵직한 책을 집어 들었는데, 자꾸 읽다 보니 가벼운 책이 읽고 싶어진다. 어떤 책이든 1권만 읽는 일은 쉽지 않다. 여러 권을 바꾸어 가면서 읽으면 지루하지 않고 더 오래, 더 많은 독서를 할 수 있다.

나는 글쓰기에도 이와 같은 방법을 적용한다. 다양한 글쓰기 옵션을 준비하고 있으면 그때그때 마음의 결에 맞는 글쓰기를 할 수 있다. 가령 심신이 고단해서 손가락 하나 까딱하기 싫은 날은 일기 정도나 끼적인다. 컨디션이 좋은 날은 블로그에 올릴 글을 쓰거나 서평을 쓴다. 묘한 건 일기나 끼적이자고 시작한 글쓰기가 블로그 글쓰기나 서평 쓰기로 이어지기도 한다는 것이다. 그 반대 경우도 있다. 블로그 글쓰기를 하다가 일기 정도나 끼적이고 마는 경우도 있다.

러시아 태생 미국인 작가, 아이작 아시모프는 한 발 더 나아갔다. 그의 집필 방법은 독특했다. 타자기로 글을 쓰던 시절에 살았던 그는 작업실에 여러 대의 타자기를 갖다 놓았다. 이쪽 타자기에서 글을 쓰다가 지루하면, 저쪽 타자기에 가서 다른 글을 썼다. 이런 방법으로 지루해질 틈 없이 글을 쓸 수 있었다. 그는 수많은 SF 작품을 발표했는데, 미래사회를 묘사하는 데 뛰어났다. 대표작으로 『파운데이션』, 『우주기류』, 『강철도시』, 『벌거숭이 태양』 등이 있다. 그가 남긴 저서는 200여 권에 달한다.

직장 업무든 개인적인 일이든 힘든 일을 하나 마치면 난 스스로에게 보상을 해 준다. 보통 호프집에서 가서 생맥주를 한잔하지만 아이스크림을 먹으러 가기도 한다. 아이스크림 전문점에 가는데 골라 먹는 재미가 있다. 그날따라 당기는 종류의 아이스크림을 골라 먹고 나면 다른 종류 아이스크림을 먹고 싶을 때가 많다. 다양한 글쓰기 옵션을 준비하고 있으면 아이스크림을 골라 먹을 때와 비슷한 일이 일어난다. 당일 컨디션에 맞는 종류의 글쓰기를 하고 나면 다른 종류의 글쓰기도 하고 싶을 때가 많다.

누누이 말하지만 꾸준히 쓰는 일이 글쓰기 초심자에게 가장 중요하다. 다양한 글쓰기 옵션을 준비해 두고 있으면 꾸준히 쓰는 데 도움이 된다. 때로는 큰 노력 없이 쓸 수 있는 글을 쓰고 때로는 버거운 글을 쓴다. 이렇게 쓰다 보면 매일 쓰게 되고 글쓰기가 습관화된다. 글쓰기 경험이 조금씩 쌓이면 글쓰기 내공이 조금씩 깊어진다.

# 심리적 저항
# 극복하는 법

●

"가치 있는 삶을 사는 사람들은 모두 좋은 생각, 좋은 마음, 좋은 의도를 가지고 있다. 하지만 그것을 행동으로 옮기는 사람은 극히 드물다."

존 핸콕, 〈독립 선언서〉 서명자

●

"우리 중에는 특정한 방식으로 삶을 살아가는 사람들이 있다. 상황이 바뀔 때까지, 시간이 더 있을 때까지, 덜 피곤할 때까지, 승진할 때까지, 정착할 때까지, 그때까지 기다린다. 그들은 제대로 된 삶을 시작하기 전에 삶에서 반드시 일어나야 할 어떤 중요한 사건이 있어야 할 것처럼 여긴다."

조지 시한, 『러닝 & 존재』의 저자

●

"동기부여는 시작 후에 오는 경우가 많다."

윌리엄 제임스(William James)

---

　많은 사람들이 글을 쓰고 싶어 한다. 자신의 생각을 글로 풀어내고, 삶을 기록하며, 나아가 글로 타인과 소통하고자 한다. 하지만 실제로 글을 쓰기 위해 책상 앞에 앉는 사람은 드물다. 왜일까? '심리적 저항'이라는 보이지 않는 벽 때문인 경우가 많다.

　스티븐 프레스필드는 저서 『The War of Art』에서 이 저항을 "우리 안에서 가장 악착같은 적"이라고 말한다. 저항은 당신이 무언가 의미 있는 일을 하려고 할 때 더욱 강력하게 작동한다. "지금 말고 나중에.", "넌 아직 준비되지 않았어.", "이건 너무 어려워.", "시간 낭비일지도 몰라." 등의 목소리가 바로 저항이다. 놀라운 건, 이 목소리는 매우 그럴듯하고 논리적으로 들린다는 것이다. 그래서 우리는 흔히 그 말을 믿고 물러난다.

　사실 저항은 인간의 본능과도 관련이 깊다. 우리는 위험보다 익숙함을, 불확실성보다 확실성을 선호한다. 낯선 시도 앞에서 우리의 뇌는 무의식적으로 '후퇴'라는 신호를 보낸다. 글쓰기는 명백히 창조적 행위이며, 처음부터 끝까지 불확실성 그 자체다. 무엇을 써야 할지, 어떻게 써야 할지, 쓰는 것이 과연 의미가 있을지조차도 명확하지 않다. 이처럼 예측 불가능한 영역으로 발을 내딛는 순간, 저항은 속삭인다. "그냥 하지 마."

그러나 그 말에 귀 기울이는 한, 우리는 결코 쓰기 시작할 수 없다. 작가 W.H. 머리는 이렇게 말한다. "당신이 할 수 있거나 당신이 할 수 있는 꿈을 무엇이든 시작하십시오. 대담함에는 천재성과 마법과 힘이 있습니다. 지금 시작하세요." 시작은 곧 저항을 이기는 유일한 방법이다. 두려움을 없애려 하지 말고, 그 두려움에도 불구하고 시작하는 것이다.

많은 사람들은 '언젠가'를 기다린다. 더 시간이 날 때, 덜 피곤할 때, 영감이 떠오를 때, 완벽한 주제가 생길 때. 하지만 『러닝 & 존재』의 저자 조지 시한은 말한다. "상황이 바뀔 때까지 기다리는 사람은, 제대로 된 삶을 시작하기 전에 반드시 무언가 특별한 사건이 있어야 한다고 믿는 사람이다." 그러나 그런 사건은 대개 일어나지 않는다. 중요한 것은 지금 이 순간의 결단이며, 행동이다.

저항을 이기기 위해서는 먼저 '기다림이라는 신화'를 버려야 한다. 우리는 완벽한 컨디션이나 영감의 순간을 기다리며, 미루는 데 익숙하다. 그러나 일단 책상에 앉고, 손을 움직이고, 단 한 문장을 쓰는 것만으로도 흐름이 생긴다. 몸이 먼저 움직이면 마음이 따라온다. 스티븐 킹이 말했듯, 가장 무서운 순간은 시작하기 직전이다.

산책을 예로 들어보자. 가만히 앉아서 편하게 즐길 수 있는 인터넷 서핑을 그만두고 밖으로 나가는 일은 쉽지 않다. 하지만 막상 나가서 몇 걸음 걷다 보면 걷기를 즐기게 된다. 글쓰기도 마찬가지다. 의욕이 생기길 기다리지 말고, 일단 쓰기 시작하라. 한 줄이라도 적어보라. 일단, 머리를 적시면 샴푸할 가능성이 높아진다. 한 줄을 쓰면 두 줄, 세 줄로 이어질 확률이 높아진다. 글쓰기에 시동이 걸리는 것이다.

'할 기분이 아니다'는 이유로 글쓰기를 미루지 말라. 우리는 기분과 관계없이 걷고, 일하고, 책임을 다해 살아간다. 마찬가지로 기분과 관계없이 글을 쓸 수도 있다. 그러니, 글쓰기를 습관화하고 싶다면 일단 책상에 앉아라. 조용히 앉아 한 줄 적어보라.

글쓰기를 방해하는 심리적 저항을 극복하는 방법은 단순하면서도 명확하다. 지금 당장 쓰기 시작하는 것이다. 부정적인 감정, 두려움, 불안감은 일단 글을 쓰기 시작하면 대개 점점 힘을 잃는다. 그런 감정들은 별것 아닌 경우가 대부분이다.

당신 안에 무언가 쓰고자 하는 열망이 있다면, 그것으로 충분하다. 기분이 좋지 않아도, 시간이 부족해도, 생각이 정리되지 않아도 괜찮다. 그 모든 저항의 목소리를 잠시 무시하고, 펜을 들고 첫 문장을 써 내려가자. 저항은 앉는 순간 작아지고, 쓰는 순간 사라질 것이다.

• 에
필
로
그

　어느 순간 '내 입에서 나오는 말이 참 말 같지 않구나!' 하는 생각을 했다. 내 말에 따로 시비를 거는 사람은 없었지만, 스스로 창피했다. 이제껏 책을 읽고 글을 쓴 데에는 여러 가지 이유가 있었는데, 말 같은 말을 하면서 살고 싶었던 것도 그 이유 중 하나였다. 글쓰기로 얻은 소득은 많았다. 무엇보다 글을 쓰면서 말을 다듬을 수 있어서 좋았다. 마음속에 있는 말을 지면에 꺼내 놓고 요모조모 따지는 과정에서 내 말이 단정해졌다. 해놓고 보면 되 담고 싶은 말이 여전히 많지만, 글을 쓰기 전에 비하면 현저히 줄었다.

　"살아 있는 동안 내가 할 말은 참 많은 것도 같고 적은 것도 같고, 그러나 말이 없이는 단 하루도 살 수 없는 세상살이. 매일매일 돌처럼 차고 단단한 결심을 해도 슬기로운 말의 주인 되기는 얼마나 어려운지…"

이해인 수녀님의 시 「말을 위한 기도」의 한 구절이다. 흉기는 몸을 파고들 뿐이지만, 말은 마음속까지 파고든다. 두려운 일이다. 따로 말을 위한 기도를 하지는 않지만, 나 또한 슬기로운 말, 현명한 말의 주인이 되고 싶다. 부족하지도, 과하지도 않은 말의 주인이 되고 싶다. 그러니 나는 앞으로도 글을 쓸 수밖에 없다.

일기나 끼적이며 처음 글쓰기를 시작할 때는 책까지 쓰게 될 줄은 몰랐다. 꾸준한 글쓰기의 힘은 놀랍다. 이 책은 '꾸준히 계속 쓰는 수월한 방법'에 대한 이야기였다. 나를 꾸준한 글쓰기로 이끈 방법이 독자들의 꾸준한 글쓰기를 돕기를, 그 과정에서 독자들의 글도 성장하기를 바란다.

작은 책을 하나 썼을 뿐이지만, 쓰는 과정은 몹시 고단했다. 마침내 모든 작업을 끝내고 일상으로 돌아갈 수 있어 기쁘다. 당분간 동네 카페에 앉아서 한가롭게 책이나 읽고 싶다.

# 참고문헌

## 1장 글을 쓰는 이유

### - 글쓰기는 지력을 향상시킨다
『인문내공』 박민영 지음 | 웅진지식하우스 (2012)
『글을 쓰면 자신을 발견하게 됩니다』 박민영 지음 | 샘터사 (2019)

### - 글쓰기에는 치유효과가 있다
『치유하는 글쓰기』 박미라 지음 | 한겨레출판 (2008)
『나를 치유하는 글쓰기』 줄리아 카메론 지음 | 이다미디어 (2013)

### - 글쓰기는 책 읽기를 완성한다
『김병완의 책 쓰기 혁명』 김병완 지음 | 아템포 (2014)
『아웃풋 트레이닝』 가바사와 시온 지음 | 토마토출판사 (2019)
『소소하지만 확실한 공부법』 가바사와 시온 지음 | 매일경제신문사 (2018)

### - 글쓰기는 삶의 밀도를 높인다
『뼛속까지 내려가서 써라』 나탈리 골드버그 지음 | 한문화 (2019)
『가르치는 힘』 사이토 다카시 지음 | 경향BP (2016)

- **나이 들어서도 할 일이 있다는 건 행복한 일이다**

「글쓰기를 위한 필살기」 강원국 | 비즈니스워치 (2014.9.25)
「60대에 인생 전성기를 맞은 피터 드러커 교수」 송양민 | 조선일보 (2014.3.21.)

- **출력은 입력을 부른다**

『40대에 다시쓰는 내 인생의 이력서』 한근태 지음 | 미래의창 (2020)

- **글쓰기는 힘이 세다**

『서민적 글쓰기』 서민 지음 | 생각정원 (2015)
『글쓰기가 필요하지 않은 인생은 없다』 김애리 지음 | 카시오페아 (2017)

- **글쓰기는 온전히 자신만의 산물이다**

『글을 쓰면 자신을 발견하게 됩니다』 박민영 지음 | 샘터사 (2019)
『스스로 살아가는 힘』 문요한 지음 | 더난출판 (2014)

- **글을 쓰면 있어 보인다**

『강신주의 맨얼굴의 철학 당당한 인문학』 강신주 지음 | 시대의창 (2013)
『서민적 글쓰기』 서민 지음 | 생각정원 (2015)

- **책쓰기, 당신도 가능하다**

『그러니까 당신도 써라』 배상문 지음 | 북포스 (2009)
『책으로 변한 내 인생』 이재범 지음 | 평단 (2014)
『나는 도서관에서 기적을 만났다』 김병완 지음 | 아템포 (2013)

『당신의 책을 가져라』 송숙희 지음 | 국일미디어 (2017)

- **퍼스널 브랜딩이 가능하다**

『당신의 책을 가져라』 송숙희 지음 | 국일미디어 (2017)
『편집자처럼 책을 보고 책을 쓰다』 박보영, 김효선 지음 | 예미 (2020)

## 2장 글을 쓰는 자세

- **시시한 글부터 써라**

『린치핀』 세스 고딘 지음 | 라이스메이커 (2019)
『누구나 글을 잘 쓸 수 있다』 로버타 진 브라이언트 지음 | 예담 (2004)
『놀이, 마르지 않는 창조의 샘』 스티븐 나흐마노비치 | 에코의서재 (2008)

- **어깨 힘을 빼라**

『나는 쓰는 대로 이루어진다』 한명석 지음 | 고즈윈 (2011)
『게임볼 3』 설경구 지음 | 청어람 (2016)
『야구 대화를 위한 넓고 얕은 지식』 배우근 지음 | 넥서스BOOKS (2015)

- **남의 눈치 보지 마라**

『회장님의 글쓰기』 강원국 지음 | 메디치미디어 (2014)

『책쓰기의 모든 것』 송숙희 지음 | 인더북스 (2016)
『정유정, 이야기를 이야기하다』 정유정, 지승호 지음 | 은행나무 (2018)

- **남의 글과 비교하지 마라**

『내 발의 등불』 닐 기유메트 지음 | 성바오로출판사 (2005)
『박철범의 하루 공부법 2』 박철범 지음 | 다산북스 (2015)
『김병완의 책 쓰기 혁명』 김병완 지음 | 아템포 (2014)

- **글쓰기를 즐겨라**

『신동아 11월호』 신동아일보사 (2001.11)

- **핑계 대지 마라**

『잠수종과 나비』 장 도미니크 보비 지음 | 동문선 (2015)
『여자에게 공부가 필요할 때』 김애리 지음 | 카시오페아 (2014)
『글쓰기가 필요하지 않은 인생은 없다』 김애리 지음 | 카시오페아 (2017)

- **구상에 너무 많은 시간을 보내지 마라**

『스토리가 스펙을 이긴다』 김정태 지음 | 갤리온 (2010)
『사람은 무엇으로 성장하는가』 존 맥스웰 지음 | 비즈니스북스 (2012)

- **한 조각만 써라**

『인생의 마지막 한 줄』 이하 지음 | 교보문고 (2017)
『3초만에 행복해지는 명언 테라피』 히스이 고타로 지음 | 나무한그루 (2006)

### - 글을 보는 안목을 높여라

『사진을 즐기다』 이자와 고타로 지음 | 한국출판마케팅연구소 (2009)

### - 재능이 없어도 된다

『탤런트 코드』 대니얼 코일 지음 | 웅진지식하우스 (2009)
『이지성의 꿈꾸는 다락방 2』 이지성 지음 | 차이정원 (2018)

### - 글쓰기에 늦은 때란 없다

『늦지 않았다』 한명석 지음 | 북하우스 (2009)
『쓰는 동안』 송숙희 지음 | 시디안 (2010)
『글쓰기가 필요하지 않은 인생은 없다』 김애리 지음 | 카시오페아 (2017)

### - 먼저 좋은 독자가 돼라

『그럼에도 작가로 살겠다면』 줄리언 반스, 커트 보니것, 스티븐 킹 지음 | 다른 (2017)

## 3장 글쓰기 연습법

### - 일기라고 무시하지 말자

「아미엘 인생일기」 (기사) | 서울신문 (2005.12.23)
『1등의 책쓰기 습관』 고수유 지음 | 마인드북스 (2016)

- 눈에 보이는 걸 쓰면 쉽다

『살아 있는 글쓰기』 이호철 지음 | 보리 (1994)

- 머릿속에 떠오르는 걸 자유롭게 쓰자

『아티스트 웨이』 줄리아 카메론 지음 | 경당 (2012)

- 메모하지 않는 작가는 없다

『글쓰기가 필요하지 않은 인생은 없다』 김애리 | 카이오페아 (2017)

『내 인생의 첫 책 쓰기』 오병곤, 홍승완 지음 | 포레스트북스 (2018)

- 명언 신문기사를 활용한 글쓰기

『글도둑』 안상헌 지음 | 북포스 (2017)

- '메모리딩'으로 독서와 글쓰기를 동시에 잡자

『메모 습관의 힘』 신정철 지음 | 토네이도 (2015)

- 사설을 이용한 글쓰기

『평생 필요한 비즈니스 스킬』 이성용 지음 | 김영사 (2010)

『ONE PAGE 정리 기술』 다카하시 마사후미 지음 | 김영사 (2012)

- 인터넷 서점에서 글쓰기

『편집자처럼 책을 보고 책을 쓰다』 박보영, 김효선 지음 | 예미 (2020)

### - 유튜브로 글쓰기

『유튜브 기록장』 강민형 지음 | 심야책방 (2020)

### - 베껴 쓰기로 문장력 단련하기

『글쓰기가 두려운 그대에게』 고수유 지음 | 문예출판사 (2018)
『안도 다다오: 건축의 누드 작가』 임채진 지음 | 살림 (2004)
『나를 단련하는 책 읽기』 송광태 지음 | 타커스(끌레마) (2012)
『읽기와 쓰기를 다 잘하고 싶은 사람이라면 지금 당장 베껴쓰기』 송숙희 지음 | 팜파스 (2019)

### - 글쓰기는 고쳐쓰기다

『어떻게 읽을 것인가』 고영성 지음 | 스마트북스 (2015)

## 4장 글쓰기를 습관화하는 방법

### - 습관이 중요하다

『혼자 하는 공부의 정석』 한재우 지음 | 위즈덤하우스 (2018)

### - 적은 노력, 빠른 보상

『공부습관을 잡아주는 글쓰기』 송숙희 지음 | 교보문고 (2017)
『유혹하는 글쓰기』 스티븐 킹 지음 | 김영사 (2017)
『생각의 탄생』 로버트 루트번스타인, 미셸 루트번스타인 지음 | 에코의서재 (2007)
『한국의 젊은 부자들』 이신영 지음 | 메이븐 (2017)

『하루 5분 공부 각오』 한재우 지음 | 21세기북스 (2020)

## - 카페에서 글쓰기
『신의 시간술』 가바사와 시온 지음 | 리더스북 (2018)

## - 의지와 열정이라는 두 바퀴
『혼자 하는 공부의 정석』 한재우 지음 | 위즈덤하우스 (2018)
「문요한 에너지 플러스」 646호 (2013.1.23.)

## - 글쓰기 뇌를 장착하라
『빅 픽처 2017』 김윤이 외 15인 지음 | 생각정원 (2016)

## - 함께 써라
『혼자 하는 공부의 정석』 한재우 지음 | 위즈덤하우스 (2018)
『어떻게 읽을 것인가』 고영성 지음 | 스마트북스 (2015)
『실행이 답이다』 이민규 지음 | 더난출판 (2011)

## - 15분 글쓰기
『365 공부 비타민』 한재우 지음 | 위즈덤하우스 (2014)
『잠자기 전 30분』 다카시마 데쓰지 지음 | 티즈맵 (2008)

## - 20초 법칙
『행복의 특권』 숀 아처 지음 | 청림출판 (2012)

## - 골라 쓰기
『책읽기의 달인 호모 부커스』 이권우 지음 | 그린비 (2008)
『소설쓰기의 모든 것 1』 제임스 스콧 벨 지음 | 다른 (2018)

# 글쓰기를
## 처음 시작했습니다

개정2판 1쇄 발행 2025. 12. 3.

**지은이** 고홍렬
**펴낸이** 김병호
**펴낸곳** 가넷북스

**편집진행** 황금주
**디자인** 김효나
**마케팅** 송송이 박수진 박하연

**등록** 2019년 4월 3일 제2019-000040호
**주소** 서울시 성동구 연무장5길 9-16, 606호 (성수동2가, 블루스톤타워)
**대표전화** 070-7857-9719 | **경영지원** 02-3409-9719 | **팩스** 070-7610-9820

• 가넷북스는 여러분의 다양한 아이디어와 원고 투고를 설레는 마음으로 기다리고 있습니다.

**이메일** garnetoffice@naver.com | **원고투고** garnetoffice@naver.com
**공식 블로그** blog.naver.com/garnetbooks
**공식 포스트** post.naver.com/garnetbooks | **인스타그램** @_garnetbooks

ⓒ 고홍렬, 2025
ISBN 979-11-92882-29-1 03800

• 파본이나 잘못된 책은 구입하신 곳에서 교환해드립니다.
• 이 책은 저작권법에 따라 보호를 받는 저작물이므로 무단전재 및 복제를 금지하며,
이 책 내용의 전부 및 일부를 이용하려면 반드시 저작권자와 도서출판 가넷북스의 서면동의를 받아야 합니다.